Who Am I

나는 누구인가

쉽게 읽는 한글판 자랑스런 나의 뿌리

광주 안씨 이야기

廣州安氏

畵報로 보는
先祖의 발자취

광주안씨(廣州安氏)

시조 안방걸(安邦傑)은 고려(高麗) 태조(太祖) 때 벼슬하여 관직이 대장군(大將軍)으로 광주군(廣州君)에 봉해졌다.

여러 족보를 보니 고려 때 한 광주(廣州) 사람이 성주(城主)를 죽이자, 공이 의병을 일으켜 창의 토평(倡義討平)하여, 대장군(大將軍)이 되었고, 광주군(廣州君)에 봉해져 이로써 관향(貫鄕)이 되었다. 혹은 광주 지방의 관리(州吏)로 뛰어났다고 한다. 영남지방 족보(嶺譜)에는 "공(公)이 일찍이 평양(平壤)에서 큰 승리를 거두어 원수(元帥)의 직을 받고, 광릉군(廣陵君)에 봉해졌다. 묘는 광주(廣州)에 있다. 3세(世)를 연이어 4명의 군(君)이 세록(世祿)을 이어 받았다고 하나 족보(族譜)가 없어져 상세한 것은 알수 없다." 고 하였다. [순암(順菴) 안정복(安鼎福), 1790년 경술보(庚戌譜) 발(跋) 중에서]

봉산재(蓬山齋)

사간공 안성(安省)의 묘소 (경기도 광주군 광주읍 중대리 덕곡)

용암사(龍巖祠). 사간공 안성을 주벽으로 양심헌 양성린, 화음 김영갑, 수우당 한인기의 위패를 봉안한 사당 (전북 장수군 천천면 춘송리 장항마을)

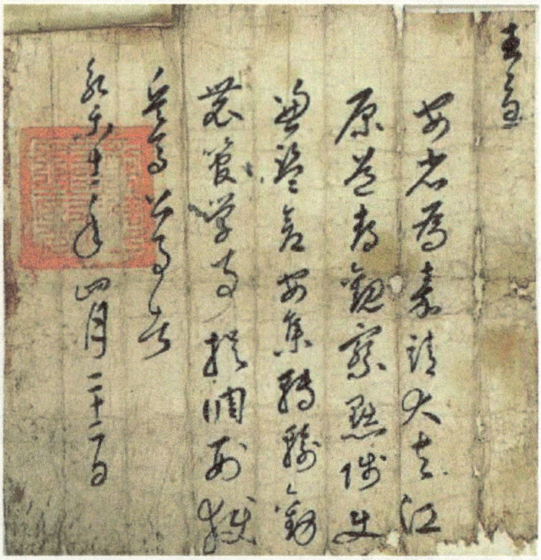

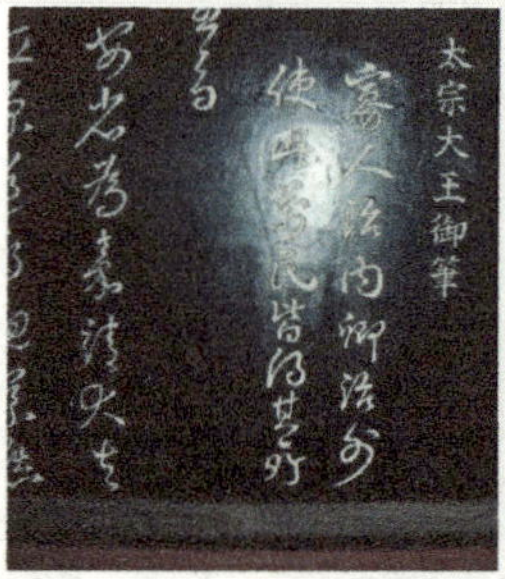

어필각 내에 판각된 친필 왕지

사간공을 태종14년(1414) 4월 22일에 강원도 도관찰사로 임명한 왕지(王旨). 전북 유형문화재 제143호

왕지와 함께 판각해서 보존하기 위해 영조 27년(1752)에 사간공 후손들이 세운 어필각(御筆閣)
(전북 장수군 산서면 오성리)

호암서원(湖岩書院). 조선 숙종 초에 지방유림의 공의로 이서, 심구령, 안성, 소연, 소산복, 이실의 충절과 덕행을 추모하기 위하여 창건 (전북 남원시 덕과면 만도리)

죽서루(竹西樓). 1266년 이전에 창건된 것으로 추정. 보물 제213호 (강원 삼척시 성내동)

소계서원(蘇溪書院) 전경. 안몽득(安夢得)과 그의 손자 안우(安宇), 안주(安宙), 안택(安宅) 3형제와 임진왜란 공신 안근(安瑾), 안수(安琇), 안시명(安諟命), 안이명(安以命), 안신명(安信命) 등을 추모하기 위하여 정조 7년(1783) 건립 (경남 양산시 상북면 소토리 율리)

소계사(蘇溪祠) (소계서원 내)

가례부췌 책판(家禮附贅冊板). 오휴자(五休子) 안신이 간행한 실용예절서 목판. 시도유형문화재 제267호 (경남 밀양시 초동면 금포리)

조선방역지도(朝鮮方域之圖). 내섬시 부정 안사웅(安士雄)이 제작 참여한 조선전기 지도. 국보 제248호 (경기 과천시 중앙동 2-6 국사편찬위원회)

효자 안사백(安師伯)의 정려각과 정려기 (전남 곡성군 염곡)

머리말

《 광주(廣州) 안(安)씨 이야기 》

우리 한민족(韓民族)은 세계 어느 나라 어느 민족(民族)과도 비교되는 남다름을 담고 있는 민족이니, 그것은 유구한 역사와 시간 속에서도 한결같이 이어져온 하나의 혈맥(血脈)에서 나오는 자기 정체성과 일체감이 아닐까 합니다.

우리들이 더욱 화목(和睦)하고 단합(團合)하여 국가(國家)와 민족(民族)에 봉사하는 것이야말로 우리들이 이 《**광주 안씨** 이야기》를 발간하는 참뜻이라 할 것입니다.

그런 의미에서 본 서책은 **광주 안씨**에 관해 체계적으로 정리한 것으로 족인의식(族人意識)을 자각하고 일족(一族)의 친목(親睦)을 도모하며 조상(祖上)의 뛰어난 행적을 널리 알리고자 하는 목적으로 시대적 요구에 부응하는 가장 적합한 서책이라 할 것입니다.

조상의 행적의 공(功)과 덕(德)이 많음에도 알지 못하면 부지(不知)의 소치이며, 그 공덕(功德)을 알면서도 전(傳)하지 아니하면 불인(不仁)의 소치라 하였습니다.

급변하는 세상을 하루하루 바쁘게 살아오는 동안 오늘날 우리는 너나 할 것 없이 부지불인(不知不仁)을 면하지 못하고 있음을 생각하며 늘 안타까운 마음을 갖고 있던 차에 이렇게 우리의 역사를 성씨별로 읽기 쉽게 정리한 보첩이 발간되어 세상에 나오니 반가운 마음을 금할 수 없습니다.

특히 요즈음 자라나는 새 세대들은 세계사(世界史)나 외국 위인(偉人)에 대해서는 잘 알면서도 자기(自己)의 가계(家系)나 조상(祖上)들이 이루어 놓은 유사(遺事)에 관하여는 소홀히 하는 경향이 있는데, 이러한 시대적 상황에 처하여 온고지신(溫故知新)의 윤리도덕(倫理道德)으로 새로운 미풍양속(美風良俗)을 승화 발전시켜야 할 책무(責務)가 우리 세대에 요청받고 있으니, 다음 젊은 세대(世代)에게 올바른 윤리도덕(倫理道德)과 씨족(氏族)의 중요성을 일깨워야할 소명(召命)이며 의무(義務)가 아닐 수 없겠습니다.

지금까지의 대부분의 문중 사료와 보첩들은 우리 후손들에게는 너무 어려워서 가까이 하지 못한 점이 늘 안타까웠기에 본 《 광주 안씨 이야기 》는 남녀노소 모두에게 이해하기 수월하게 구성하여 묶어 내었습니다.

이로써 생활 속에서 보다 가깝고 친근하게 조상(祖上)과 뿌리를 알게 하고 기본적인 예절을 알게 되는 계기가 될 것이라 기대합니다.

그동안 이 보첩의 발간을 위하여 지원하고 노력하여주신 여러 분들에게 진심으로 감사를 드리며, 우리민족의 위대한 발전과 도약을 기원합니다.

2014. 9. 25.
성씨이야기편찬실

차 례

일러두기

1. 이 책은 전통적인 족보(族譜)와 보첩(譜帖)의 체제에서 벗어나 선조(先祖)들의 구체적인 행적(行蹟)에 대해 일반인들과 젊은 세대(世代)가 쉽게 보고 이해할 수 있도록 하는 것에 주된 방향을 맞추어 편찬하였습니다. 때문에 어려운 한문체(漢文體)의 내용이나 중복되는 내용이 많은 것은 배제하였습니다.

2. 본 보첩(譜諜) 편찬의 근본정신은 오랜 역사를 거쳐 오면서 유실된 사료(史料)와 각 씨족별로 나타나는 복잡하고 많은 이설(異說) 등의 다양한 견해(見解)를 모두 반영하기 보다는 자라나는 어린 후손들에게 보다 쉽고 친근하게 선조의 씨족사를 이야기하고 선조의 발자취를 보여줌으로써 자긍심을 키우고 미래를 밝혀줄 바른 정신을 전하고자 하는데 있음을 밝혀둡니다.

3. 본 서(書)는 각 성씨별, 관향별 종친회(宗親會)와 그 외 각 지파(支派)에서 발간해온 보첩과 자료를 주로 참고하였으며, 일반 서적과 사전류에 수록된 내용들도 발췌 정리하여 엮음으로써 가능한 한 많은 내용을 담도록 노력하였습니다.

4. 수록된 관향의 순서는 가나다순(順)으로 하였으나 편집의 편의상 선후가 바뀔 수도 있음에 양혜를 구하며, 인물의 경우 계대를 따르는 것을 원칙으로 하였으나 여의치 않을 경우 대략적인 활동 연대순을 따랐습니다.

5. 각 본관별(本貫別) 내용 구성은 먼저 주요 선조의 유적 유물 사진을 수록하고, 연원(淵源)과 씨족사(氏族史), 세계(世系)과 항렬(行列) 등을 한눈에 이해하기 쉽게 정리하고, 그리고 역대 주요 명현(名賢)의 생애와 업적을 이해하기 쉬운 약전(略傳) 형식으로 수록하였습니다.

6. 수록한 내용과 인물들은 삼국유사《三國遺事》,삼국사기《三國史記》,고려사《高麗史》,조선왕조실록《朝鮮王朝實錄》,고려공신전《高麗功臣傳》,국조방목《國朝榜目》등의 일반 사료(史料)의 기록을 기반으로 하여 각 성씨별 문중(門中)에서 발행한의 보첩에 나타나 있는 명현(名賢)을 망라하였으나 자료의 미비로 부득이 누락된 분들은 다음 기회에 보완 개정하고자 합니다.

광주안씨 廣州安氏

연원과 씨족사(淵源과 氏族史)

시조 및 본관의 유래(始祖 및 本貫의 由來)

시조 안방걸(安邦傑)은 고려 태조조에 대장군이 되었고 광주군(廣州君)에 봉해졌다.

『기미보(己未譜)』 이전의 구보에는 대장군의 묘소가 혹은 광주의 갈마치에 있었다 하고, 혹은 개성부 동쪽 15리, 즉 지금의 장단군에 속해 있는 양안촌(兩眼村) 마을에 광주안씨 시조의 묘가 있으며, 재궁(齋宮)이 있어 이름하여 안재(安齋)라 하였다고 하나 지금은 미상이라 하였다. 『기미보(己未譜 : 1739)』를 살펴보면 대장군 이하로 중흥조(中興祖) 전중시어사(殿中侍御史) 겸 영남안찰사(嶺南按察使) 안유(安綏) 이상으로 12대의 직함(職啣)과 휘함(諱啣)만 전하면서 상세한 고증을 후대(後代)에 기대하였다.

마침 원주에 사는 안처대(安處大 : 1675~?)가 충주 위류면(忠州 圍柳面)의 순흥안씨 집에서 순흥안씨 간판구보(順興安氏 刊板舊譜)를 보았는데, 순흥안씨도 역시 광주군을 시조로 하여 8대(八代)를 내려와 내사령(內史令) 안필몽(安弼夢)이 안홍미(安弘美)와 안자미(安子美) 두 형제를 두었으니, 동생 안자미는 관향(貫鄕)을 순흥으로 하여 순흥안씨 시조로 하였다 하고, 역대(歷代)의 직함(職啣)과 휘함(諱啣)을 등송하여 왔는데, 광주안씨 보첩의 기록과 일치하였다. 이보다 앞서 순흥안씨 안관(安灌 : 1491~1553)의 『취우정 실기(聚友亭實記)』에도 관향 내력이 우리와 일치하는 기록이 있다.

한스러운 것은 사간(思簡) 안성(安省)이 고려 우왕조 시대에 작성한 것으로 보이는 보첩 3권이 있었는데 본문이 유실되고 서문만 전해 오고 있어 상대(上代)의 고증을 더 이상 알 수 없는 일이다. 『기미보(己未譜)』에는 상대(上代)의 고증을 후대에 기대하면서 14세 중흥조 안유(安綏)를 1세로 기록하여 내려오다가 임술보(1982)

발간 당시 더 이상의 고증을 기대할 수 없으므로 종의에 의하여 시조 이하 세대를 연계(連系)하기로 결정하고 보첩이 간행되어 오늘에 이르고 있다.

이설로는 『죽산안씨대동보(竹山安氏大同譜)』에 보면, 시조의 아버지 이원(李瑗)은 당나라 종실(宗室)사람으로 신라 애장왕 8년(807)에 우리나라에 건너와 개성의 송악산(松嶽山) 아래에 살았으며, 아들 지춘(枝春), 엽춘(葉春), 화춘(花春) 3형제가 있었다. 그들 3형제는 신라 경문왕 4년(864) 때 왜구의 노략질을 토평한 공을 세웠다. 안국(安國)의 공을 세웠다 하여 나라에서 안씨성(安氏姓)을 사성(賜姓)하였다. 이때에 이지춘(李枝春)은 안방준(安邦俊)으로, 이엽춘(李葉春)은 안방걸(安邦傑)로, 이화춘(李花春)은 안방협(安邦俠)으로 각각 개명(改名)되었다 한다.

본관지 연혁(本貫地 沿革)

광주(廣州)는 서울 남부일대와 경기도 중부를 통칭하는 옛 지명으로 옛 이름에 한산(漢山)이라 하였으며, 삼한(三韓)시대에는 마한(馬韓)에 예속(隷屬)된 성(城)이었다. 삼국시대(三國時代)에는 백제(百濟)에 예속(隷屬)되었고 백제(百濟) 온조왕 13년(B.C 6)에 위례성(현 서울)에서 서부면 춘궁리(현 하남시)에 도읍을 옮기고 하남위례성(河南慰禮城)이라 불렀다. 이후 근초고왕 25년(371)까지 이곳을 한성(漢城)이라 하여 376년간 백제의 도읍이었다.

신라 진흥왕 14년(553)에 백제(百濟)가 동북지방까지 취하여 한산(漢山)을 신주(新州)라 하였으며, 후에 고구려(高句麗)가 취하여 한산군(漢山郡)으로 하였고, 다시 신라 무열왕이 빼앗아 한산주(漢山州)라 하였다. 이로써 신라의 한산주(漢山州)가 되었다가 신라 경덕왕

15년(756) 나라를 구주(九州)로 나누어 한주(漢州)로 개칭하였다.

고려 태조 23년(940)에 지금의 명칭인 광주(廣州)로 고치고, 성종 2년(983) 광주목이 되었다. 성종 14년(995) 12절도사를 둘 때 봉국군절도사(奉國軍節度使)로 고쳐 관내도에 예속시켰다. 현종 3년(1012)에는 안무사(按撫使)로 고쳤으며 1018년 목사를 두었다.

조선조에 들어와서 태조 4년(1395) 광주목으로 경기좌도에 편입되었다. 연산군 15년(1505) 주를 폐하였다가 광해군 10년(1618)에 광주부로 승격하였다. 명종 10년(1577) 광주부(廣州府)로 승격하여 23개면(경안, 오포, 도척, 실촌, 초월, 퇴촌, 초부, 동부, 서부, 구천, 중대, 세촌, 돌마, 낙생, 대왕, 언주, 왕륜, 일용, 월곡, 북방, 송동, 성관, 의곡)으로 정비하였으며, 인조 4년(1626)에는 남한산성을 축성하였다. 고종 32년(1895) 지방제도 개정으로 광주군이 되었고, 군청을 중부면 산성리에 설치하였다.

1914년 의곡면, 왕륜면을 수원면에 붙이고 양평군 남종면을 편입하여 16개면이 되었으며, 1917년 12월 군청을 중부면 산성리에서 광주면 경안리로 이전하였다. 1963년 1월 11일 구천면, 중대면, 언주면과 대왕면의 5개리(일원, 수서, 자곡, 율현, 세곡리)를 서울시로 편입하게 되었다. 1973년 7월 1일 대왕면, 낙생면, 돌마면과 중부면 일부(6개리)를 성남시로 편입하고, 다시 1979년 5월 1일 광주면이 광주읍으로 승격된 후, 1989년 1월 1일 동부읍, 서부면과 중부면 일부를 하남시로 편입하였다. 2001년 3월 21일 광주군이 광주시로 승격되고, 광주읍은 경안동·송정동·광남동으로 분리되고, 오포면은 오포읍으로 승격되었으며, 2004년 6월 21일 초월면과 실촌면이 초월읍과 실촌읍으로 승격되었다.

세종실록지리지(世宗實錄地理志)

◎ 광주목(廣州牧)

목사(牧使) 1인, 판관(判官) 1인, 유학 교수관(儒學敎授官) 1인.

백제 시조(百濟始祖) 온조왕(溫祚王)이 한(漢)나라 성제(成帝) 홍가(鴻嘉) 3년(18) 계묘에 국도(國都)를 위례성(慰禮城)에 세웠다가, 13년 을묘에 이르러 임금이 여러 신하에게 이르기를, "내가 보매, 한수(漢水) 남쪽의 땅이 기름지고 걸으니, 마땅히 여기에 도읍을 세워서 장구한 계교를 도모하고자 하노라"하고, 드디어 한산(漢山) 아래에 나아가 목책[柵]을 세우고, 위례성의 민호(民戶)를 옮기며, 궁궐을 짓고, 14년 병진 정월에 도읍을 옮기고 남한성(南漢城)이라 하였다. 3백 76년을 지나 백제 근초고왕(近肖古王) 24년 신미에 도읍을 남평양(南平壤)에 옮기고 북한성(北漢城)이라 하였다.

당(唐)나라 고종(高宗) 현경(顯慶) 5년 경신에 당나라 장수 소정방(蘇定方)이 백제를 치는데, 신라 태종왕(太宗王)이 김유신(金庾信)을 보내어 협공(夾攻)하여 백제를 멸하고 당나라 군사가 다 돌아가매, 문무왕(文武王)이 차츰 그 땅을 거두어 차지하여 3년 갑자에 한산주(漢山州)로 고치고, 8년 경오에 남한산주(南漢山州)로 하였다가, 경덕왕(景德王) 15년 정유에 한주(漢州)로 고쳤고, 신라가 이미 고구려와 백제를 병합하매, 신문왕(神文王)이 비로소 신라 경내(境內)의 사벌(沙伐), 삽량(歃良), 거열(居列)의 3주(州)와 백제의 옛 땅 웅천(熊川), 완산(完山),

무진(武珍)의 3주와 고구려의 옛 땅 한산(漢山), 우수(牛首), 하서(河西)의 3주로써 구주(九州)의 수를 갖추었는데, 경덕왕 때에 이르러 구주(九州) 및 모든 군현(郡縣)의 이름을 모두 고쳤으므로, 뒤에 대개 신라가 고쳐서 모모(某某)로 하였다고 한 것은 모두 이 해의 일이다.

고려 태조(太祖) 23년 경자에 광주(廣州)로 고치고, 성종(成宗) 2년 계미에 처음으로 12주목(州牧)을 두니, 광주가 곧 그 하나이다. 성종 14년 을미에 12절도사(節度使)를 두고 광주 봉국군 절도사(廣州奉國軍節度使)라 하였다가, 현종(顯宗) 3년 임자에 절도사를 폐하여 안무사(按撫使)로 고치고, 9년 무오에 8목(牧)을 정해 둠에 따라 광주목(廣州牧)이 되었다. 본조(本朝)에서도 그대로 따랐다. 별호(別號)는 회안(淮安)이다.

검단산(黔丹山)이 주(州) 동쪽에 있으니, 고을 사람들이 진산(鎭山)이라고 일컫는다. 도미진(渡迷津)이 주(州) 동북쪽에 있으며, 나룻배가 있다. 그 서쪽을 진촌진(津村津)이라 하며, 주(州) 북쪽에 있으니, 나루머리[津頭]에 수참(水站)을 두었고, 참선(站船)이 15척이다. 또 그 서쪽에 광진도(廣津渡)가 있다. 도승(渡丞)이 있어서 사람이 드나드는 것을 조사하는데, 좌도 수참 전운 판관(左道水站轉運判官)이 겸하여 조운(漕運)을 관장한다.

사방 경계[四境]는 동쪽으로 양근(楊根) 용진(龍津)에 이르기 30리, 서쪽으로 과천(果川)을 지나서 수원(水原) 경계의 성곶이[聲串]에 이르기 85리, 남쪽으로 이천(利川)의 양지(陽知)에 이르기 45리, 북쪽으로 양주(楊州)에 이르기 11리요, 동서(東西)가 1백 15리, 남북(南北)이 56리이다.

헌릉(獻陵)은 태종 공정 대왕(太宗恭定大王)과 원경 왕후(元敬王后)를 합장하였다. 주(州) 서쪽 대모산(大母山)의 양지쪽 건해산(乾亥山)에 있으니, 건좌 손향(乾坐巽向)이다. 능 앞에 신도비(神道碑)를 세우고, 능직(陵直)·권무(權務) 2인과 수호군(守護軍) 1백 호를 두고, 매호마다 밭 2결(結)을 주었다.

문묘(文廟)는 주(州) 북쪽에 있다. 나라에서 각도 주(州), 부(府), 군(郡), 현(縣)에 모두 문묘를 두고 향교(鄕校)라 한다. 그 생도(生徒)의 액수(額數)는 유수관(留守官)에는 50명, 목(牧)과 도호부(都護府)에는 40명, 군(郡)에는 30명, 현(縣)에는 15명으로 하며, 제전(祭田), 학전(學田)과 노비(奴婢)를 주는데, 각기 차이를 둔다. 도호부(都護府) 이상은 모두 교수관(敎授官)을 두고, 군과 현에는 혹은 교수관, 혹은 교도(敎導)를 두며, 만일 민호(民戶)가 5백 호가 차지 못하면 학장(學長)을 두어 생도

들을 가르치게 한다.

호수는 1천 4백 36호, 인구는 3천 1백 단(單)10명이며, 군정(軍丁)은 시위군(侍衛軍)이 1백 22명이요, 선군(船軍)이 2백 63명이다. 잡색군(雜色軍)은 다 토정(土丁)을 뽑아 군사를 삼았으므로 같이 적지 아니한다.

토성(土姓)이 3이니, 이(李), 안(安), 김(金)이요, 가속성(加屬姓)이 3이니, 박(朴), 노(盧), 장(張)이요, 이 6성은 옛 문적과 지금의 본도(本道) 관록(關錄)에 의거한 것이며, 가속성(加屬姓)이란 것은 옛 문적에 기록되어 있는 것이다. 망성(亡姓)이 5이니, 윤(尹), 석(石), 한(韓), 지(池), 소(素)이니, 대개 망성(亡姓)이라 한 것은 옛 문적에만 있고 지금은 없음을 이름이다.

땅은 기름지고 메마른 것이 서로 반반 되며, 간전(墾田)이 1만 6천 2백 69결(結)이다. 논이 4분의 1이 넘는다. 토의(土宜)는 오곡(五穀 : 기장[黍], 피[稷], 콩[菽], 보리[麥], 벼[稻]), 잡곡(雜穀)과 대추[棗], 칠(漆), 닥[楮], 왕골[莞], 뽕[桑]이다. 토공(土貢)은 느타리[眞茸]요, 약재(藥材)는 돌고드름[禹餘糧], 안식향(安息香), 사자발쑥[獅子足艾], 현호색(玄胡索), 진봉(秦艽)이요, 토산(土産)은 은구어(銀口魚)인데 주(州) 서쪽 어원(御院) 앞 내에서 난다.

염소(鹽所)가 1이니 분(盆) 1, 구(區) 2이다. 자기소(磁

器所)가 4이니, 하나는 주(州) 동쪽 벌내[伐乙川]에 상품(上品)이요, 하나는 주(州) 동쪽 소산(所山)에, 하나는 주(州) 남쪽 석굴리(石掘里)에 모두 하품(下品)이며, 하나는 주(州) 동쪽 고현(羔峴)에 있다. 도기소(陶器所)가 3이니, 하나는 주(州) 남쪽 초현(草峴)에 중품(中品)이요, 하나는 주(州) 동쪽 초벌리(草伐里)에, 하나는 주(州) 서쪽 배곶이[梨串]에 있으니 모두 하품(下品)이다.

일장산성(日長山城)은 주치(州治)의 남쪽에 있다. 높고 험하며, 둘레가 3천 9백 93보(步)요, 안에 군자고(軍資庫)와 우물 7이 있는데, 가뭄을 만나도 물이 줄지 아니한다. 또 밭과 논이 있는데, 모두 1백 24결(結)이다. 『삼국사(三國史)』에 "신라 문무왕(文武王)이 비로소 한산(漢山)에 주장성(晝長城)을 쌓았다"고 하였다.

역(驛)이 4이니, 덕풍(德豐), 경안(慶安), 봉안(奉安), 낙생(樂生 : 옛 안박(安業))이다. 목장(牧場)이 2이니, 하나는 주(州) 서쪽 마전포(麻田浦)에 둘레 20리요, 하나는 주(州) 서쪽 조포평(助布坪)에 있고 둘레 18리이다. 봉화(烽火)가 1곳이니, 천천산(穿川山)으로 주(州) 서쪽에 있는데, 남쪽으로 용인(龍仁)의 석성(石城)에 응하고, 북쪽으로 서울 목멱산(木覓山)에 응한다.

관할[所領]은 도호부(都護府)가 1이니 여흥(驪興)이요,

군(郡)이 1이니 양근(楊根)이요, 현(縣)이 6이니 음죽(陰竹)·이천(利川)·과천(果川)·천녕(川寧)·지평(砥平)·금천(衿川)이다.

세거지 변천사(世居地 變遷史)

14세 안유(安綏)가 광주(廣州)에서 경남 함안(咸安)땅으로 옮겨서 살았고, 19세 안선(安善)의 대에 와서 다시 함안(咸安)에서 김해(金海)로 이거하였던 후손들이 있었음이 『계해보(癸亥譜)』에 밝혀져 있다.

19세 안국주(安國柱)의 후손은 함안(咸安)의 안인촌(安仁村)에 그대로 눌러 살았으며, 19세 안성(安省)의 후손은 광주군(廣州郡) 일원으로 옮겨 산 것으로 보인다.

20세 대에 오면 안철관(安鐵關)의 후손들이 충북 진천(鎭川)과 괴산(槐山)의 청안(清安), 충남의 당진(唐津) 등지에 나누어 터를 잡았던 것 같고, 20세 안철산(安鐵山)의 후손들은 광주군(廣州郡)의 감북(甘北)에 터를 잡았으며, 20세 안종생(安從生)의 후손들은 광주군(廣州郡)의 덕곡(德谷)에 터를 잡아 세거한 것으로 보인다.

19세 안몽득(安夢得)이 경남 의령(宜寧)으로 이거한 이래 그 손자 대에 양산(梁山), 경주(慶州), 울산(蔚山) 등지로 흩어져 살았던 것으로 보인다. 이들 지역은 광주안씨(廣州安氏)의 후손들이 10~20여대 동안 세장지지(世葬之地)로 지켜 왔으므로 후손들의 세거의 터였다고 믿어진다.

그리고 22세 안보문(安普文)이 함안(咸安)에서 밀양(密陽)의 김포(金浦)로 이거한 이래, 손자 대에 와서 안증(安嶒)의 후손들이 경북 영천시(永川市) 도동(道東)으로, 안순(安峋)의 후손들이 경남 창녕(昌寧)으로, 안길(安吉)의 후손들이 전남 승주(昇州)로 옮겨가 자리 잡음으로써 여러 대에 걸쳐 살아온 것으로 보인다.

한편 『계해보(癸亥譜)』에 22세 안한손(安漢孫)이 광주(廣州)에서 경북 예천(醴泉) 일대로 이거했다고 나타나고 있고, 아들 안자온(安自溫)의 대에 상주(尙州)로 일부가 옮겨가 10여 대를 세거한 것 같다. 또한 23세 안승효(安承孝)의 대에 광주 감북(廣州 甘北)에서 전북 장수(全北 長水)로 옮겨 세거한 것으로 보인다.

또한 21세 안팽조(安彭祖)의 후손들은 안동(安東)의 하회(河回)에서 살았으며, 21세 안팽명(安彭命)의 후손들은 24세 안극충(安克忠)의 대에 일부가 전북 남원군(南原郡)의 보절(寶節)로 옮겨갔고, 24세 안극영(安克永)의 후손은 광주군(廣州郡)의 도척(都尺)에, 24세 안극효(安克孝)는 당진군(唐津郡)의 석문(石門)에, 24세 안극제(安克悌)는 보은군(報恩郡)의 금굴(金堀)에 각각 이거하여 그곳에서 정착하였다고 믿어진다. 24세 안지(安智)로부터 2대에 걸쳐 경기도 강화(江華), 충남의 공주(公州) · 부여(扶餘)에도 살게 되었던 것 같다.

19세 안우시(安遇時)가 천안의 광덕산(廣德山) 아래에 정착하여 21세 안숙인(安淑仁)이 삼포왜란(三浦倭亂) 평정(平征)에서 순절하므로 아들 안필성(安弼聖) 이래로 서산의 덕송(德松)에 이거하여 살았고, 21세 안숙신

(安淑信)의 후손은 충남 천안에 그대로 눌러 산 것으로 보인다.

그리하여 1630년 이후 파별 세거지(世居地)는 15세 이부총랑(吏部摠郎) 안정(安禎)의 후손 가운데 안덕개(安德凱) 군자감 봉사(軍資監 奉事)의 자손인 봉사공파(奉事公派)는 김해군(金海郡)의 상리(上里)와 신기(新基)에 많이 살았고, 안후개(安後凱)의 자손들인 낙도공파(樂道公派)는 김해군의 의전(蟻田)·칠산(七山)·정리(井里)·안평(晏坪)에, 안세경(安世慶)의 자손들인 동주공파(東注公派)는 김해군의 오척(烏尺)에서 살았다.

또한 19세 중랑장(中郎將) 안국주(安國柱)의 후손들은 진사공파(進士公派)가 공주(公州)·안성(安城)·청원(清原)·청양(青陽)에, 불언재공파(不言齋公派)는 밀양군(密陽郡)의 금포(金浦) 임고(臨皐)에, 완귀공파(玩龜公派)는 영천시(永川市)의 도남동(道南洞)에, 사맹공파(司猛公派)는 밀양(密陽)의 성만(星萬)에, 사직공파(司直公派)는 화순군(和順郡)의 주암(住岩)에, 선략장군공파

(宣略將軍公派)는 밀양군(密陽郡)의 류방(留芳)에 각각 살았으며, 참봉공파(參奉公派)는 함안군(咸安郡)의 남산(南山)·외송(外松)에, 도곡공파(道谷公派)는 칠원(漆原)·영동(英洞)·관동(冠洞)·정동(鼎洞)에, 월호공파(月湖公派)는 함안군(咸安郡)의 가야(伽倻)에, 상호군공파(上護軍公派)는 김해군(金海郡)의 예동(禮洞)·함안군(咸安郡)의 주동(柱洞)·진양군(晉陽郡)의 대사동(大寺洞)에 세거하여 살았다.

한편 19세 안성(安省)의 후손들 가운데 주부공파(主簿公派)는 청안(清安)·광주군의 고읍(古邑)·창원군의 웅천(熊川)·당진군의 고대(古垈)에 살았으며, 서령공파(署令公派)는 장수군의 오성(五聖)·양주군의 백석(白石)과 연곡(蓮谷)·창녕군의 영산(靈山)·춘성군(春城郡)·광주군의 감천(甘泉)·광산(光山)·보령(保寧)·청양(青陽)·전주시(全州市)·김해(金海)·함안(咸安)·남원(南原)·서천군의 비인(庇仁)·서산(瑞山)·홍성(洪城)·부여(扶餘)·괴산(槐山)·문경(聞

慶)·상주(尙州)·의성(義城)·안동(安東)·곡성(谷城) 등지에 폭넓게 산거(散居)했다.

감찰공파(監察公派)는 광주(廣州)·강화(江華)·부여군의 온산(溫山)·광주군의 덕곡(德谷)·청주(淸州)·남원(南原)·당진(唐津)·서천(舒川)·나주(羅州)·덕산(德山)·영암(靈岩)·시흥(始興)·파주군의 문산(汶山)·보은군의 금굴(金堀)에 살았다.

그리고 19세 판사(判事) 안몽득(安夢得)의 후손은 봉사공파(奉事公派)가 양산군의 소토(所土)에, 매죽헌공파(梅竹軒公派)는 양산군의 명곡(椧谷)·울산시(蔚山市)·울주군의 신경(新庚)·망성(望星)에 많이 살았으며, 첨지공파(僉知公派)는 울산시(蔚山市)·울주군의 범서(凡西) 두산(斗山)에, 사흠공파(士欽公派)는 경주시(慶州市)의 사방(士方)·대구시(大邱市)에, 교리공파(校理公派)는 경주시(慶州市)의 호명(虎鳴)에 살았다.

또한 17세 호군 안충(護軍 安冲)의 후손은 참의공파(參議公派)가 서산의 덕송(德松), 보은의 둔덕(屯德)·

삼승(三升)에 나누어 살았으며, 집의공파(執義公派)는 천안시의 불당동(佛堂洞)에 그대로 눌러 살았다.

그리고 16세 위위주부공파 안창(衛尉主簿公派 安昌)의 후손들은 밀양군의 사포(沙浦) · 태동(台洞)에 세거(世居)하여 집성촌(集姓村)을 이루어 살았다.

하회마을에 전해오는 이야기가 하나 있다.

"하회마을은 허씨(許氏) 터전이며 안씨(安氏) 문전(門前)에 류씨(柳氏) 배반(胚盤)이라"는 말이 그것이다. 이것은 하회마을에 대한 글을 쓴 사람들이라면 누구나 단골로 인용하는 문구이다. '터전'은 모두가 아는 뜻이며, '문전'의 경우도 이해가 가지만, '배반'은 다르다. 혹자는 전에 살던 성씨를 몰아내고 하회를 차지하기 위해 그들을 배반했다는 식으로 믿음과 의리를 저버림을 떠올릴지도 모른다. 그러나 전혀 그런 뜻이 아니고 '배반'이란 알의 노른자위에 희게 보이는 원형질로서 조류나 파충류의 몸체를 만드는 중요한 부분을

말한다. 곧 안씨와 허씨들이 마을의 기초공사를 했다면 그곳에 찬란한 문화를 꽃피운 씨족은 류씨라는 말이다.

고려 말에 정승을 지내던 김해(金海) 허씨(許氏) 한 분이 조정에서 물러나 팔도의 경치 좋은 곳을 유람하다가 안동을 경유하게 되었다. 하회의 터가 너무나 좋은 나머지 웃골 거먹실(남산 팔선대 맞은편 지역)에 살기 시작했다. 이러한 사실은 강 건너 건짓골[乾池谷]에 허정승의 묘소가 있어 자손인 김해 허씨들이 묘소를 찾아왔었던 것으로 알 수 있다. 하회탈을 만들었다고 알려진 허도령 역시 김해 허씨이다.

허씨들이 터를 잡고 산지 백년 뒤 광주(廣州) 안씨(安氏) 안성이란 분이 경상감사로 부임하여 각 고을을 순시하던 중 하회에 와서 보니 산수가 너무나 좋아 화산 기슭 향교골에 터를 잡아 살기 시작했다. 천곡(泉谷) 안성(安省)의 아들 안종생(安從生)은 사헌부 감찰까지 지냈는데 배소(裵素)의 사위이기도 하다. 광주안씨 대동보에 의하면 안성은 전서공(典書公, 류종혜)과 동시대 인물이기

때문에 전서공이 고개 밖(峴外)에 터를 잡던 시기와 같은 때에 하회에 와서 살기 시작한 게 아닌가 생각된다. 안씨는 하회에 들어와 35대까지 내려왔다.

하회마을의 안씨에 관하여 다음과 같은 이야기가 또 하나 전해지고 있다.

가난한 안씨 집안의 부부가 어느 날 길거리에서 헐벗은 스님이 쓰러져 신음하고 있는 것을 보고 일으켜 집으로 모셔 와서 극진히 치료하여 원기를 회복시켜 드렸다. 스님은 노부부의 극진한 친절에 보답하려 하였으나 가진 없으므로 다음과 같이 제안하였다고 한다.

"이 집안을 위하여 명당자리를 잡아주겠소. 한 곳은 자손 중에 정승이 태어날 수 있는 자리이고, 다른 하나의 자리는 당대에 천 석의 곡식을 거둘 수 있는 부자가 될 수 있는 자리요" 라고 하였더란다.

노부부는 워낙 가난하게 살아온 처지라 나중의 정승보다 우선 가난을 면하는 것이 상책이라 생각하여 천 석을 거둘 수 있는 묏자리를 잡아줄 것을 원하였으며,

객승은 지금의 노가리 옆 서쪽 산 '부게' 쪽에 자리를 잡아주었다.

얼마 지나지 않아 집에 초상이 나서 객승이 잡아준 자리에 묘를 썼더니, 그 해에 큰 홍수가 나서 강에 넓은 갯벌이 만들어졌으며, 그 곳을 개간하여 온 들에 피를 심어 가을에 추수하니 천 석을 수확할 수 있었다. 그리하여 그 묘를 '피천석 묘'라고 하였다고 한다.

씨족사 개요(氏族史 概要)

시조 안방걸(安邦傑)의 아들로 문하시중(門下侍中)을 지낸 안국신(安國信)을 비롯하여 문하시랑(門下侍郎)에 올랐던 안려중(安礪仲), 역시 문하시중(門下侍中)을 지냈던 안홍미(安弘美) 등, 광주안씨(廣州安氏)가 여조(麗朝)에 배출한 인물은 팔시중칠학사(八侍中七學士)이다.

고려말 조선초의 안몽득(安夢得)은 문행이 높아 경덕

재생(經德齋生)으로 선발되었으며, 조선 태종조에 생원(生員)으로 권농판사(勸農判事)에 등용되었다. 13세 때에 지은 헌수시(獻壽詩)가 유명하며, 함안(咸安) 봉산재(蓬山齋)의 안영사(按嶺祠)와 양산(梁山) 소계서원(蘇溪書院)에 배향(配享)되었다.

조선조에 와서 도관찰사(都觀察使)를 지낸 19세 안성(安省)은 큰 벼슬보다는 청렴함이 후세에 전한다. 우왕 6년 문과에 급제하여 보문각 직제학(寶文閣直提學), 상주판관(尙州判官) 등을 지냈으며, 판관(判官) 재직 중 다 허물어진 상주성(尙州城)을 중수(重修)하였다. 조선조에서는 봉상시 소경(奉常寺少卿)이 되었으며, 개국 후 최초로 청백리(淸白吏)에 녹선(錄選)되었다. 태종 11년(1411) 참지의정부사(參知議政府事) 재직 중 정조사(正祖使)로 명(明)에 다녀왔고, 후에 개경유후사 유후(開京留侯司留侯)를 거쳐 태종 18년(1418) 평양감사(平壤監司)를 역임했다. 임기를 다하고 떠나올 때에 그의 짐짝을 눈 여겨 보았더니 평소 탐독하던 서적 몇 권과 누더기 이불 몇 채가 나귀 등에 매달려 가는 걸 보고 모두가 눈물을 흘렸다고 전한다. 장수(長水)의 창계서원(滄溪書院)에 제향(祭享)되었으며 시호는 사간(思簡)이다.

안팽명(安彭命)은 벼슬이 사간(司諫)에 이르렀으며 안성(安省)의 손자다. 세조 14년(1432)에 사마시(司馬試), 성종 2년(1471) 식년문과(式年文科)에 병과(丙科)로 급제하고, 형조정랑(刑曹正郞), 장령(掌令) 등을 거쳐 대사간(大司諫)에 올랐다. 성종 23년(1492) 예빈시 부정(禮賓寺副正)으로 왕명에 따라 평해(平海)에 다녀오다가 강릉(江陵)에서 병사했으며, 청백리(淸白吏)에 녹선(錄選)되었다.

호산(湖山) 안경우(安景祐)는 사간공(思簡公) 안성(安省)의 증손이며 청백리(淸白吏) 안팽명(安彭命)의 셋째 아들이다. 중종 14년(1519) 성주판관(星州判官) 재직중에 조광조(趙光祖) 일파로 지목되어 화를 입어서 중종 『을사사화록(乙巳士禍錄)』에 등재되었다.

안완경(安完慶)은 세종 5년(1423) 식년문과(式年文科)에 급제하고 사재 직장(司宰直長), 병조좌랑(兵祖佐郞), 종부시 윤(宗簿寺尹) 등을 거쳐 대사헌(大司憲)이 되었다. 사은부사(謝恩副使), 주문사(奏聞使)로 두 차례 명(明)에 다녀왔고, 단종 1년(1453) 충청도관찰사(忠淸道觀察使)가 되었으나 계유정난(癸酉靖難) 때 안평대군(安平大君) 일파로 몰려 양산(梁山)에 유배되어 사사(賜死)되었다. 정조 15년(1791)에 왕명으로 직첩이 회복되고 장릉(莊陵)에 배향되었다.

안엄경(安淹慶)은 경상관찰사(慶尙觀察使)를 지낸 안처선(安處善)의 아들이며 안완경(安完慶)의 형이다. 세종 때 문과(文科)에 급제하고 충주목사(忠州牧使), 호조참판(戶曹參判)을 역임하였다. 태종 17년(1417) 감찰어사(監察御使)로 재임시 전과(全過), 원욱(元郁), 유사식(柳士植) 등 19제현(諸賢)과 함께 총마계를 조직하여 동심사국(同心事國)에 힘썼다. 단종 1년 계유정란(癸酉靖亂)에 그의 사위 홍달손(洪達孫)이 협찬(協贊)한 것을 알고 엄히 밀책(密責)하고 자신도 관직을 버리고 낙향하여 두문불출(杜門不出)하였다.

안덕수(安德壽)는 안엄경(安淹慶)의 아들이다. 세종 32년(1450) 문과에 급제하고 예안현감(禮安縣監)을 지냈는데, 숙부인 대사헌(大司憲) 안완경(安完慶)이 순절하자 현감직(縣監職)을 버리고 밀양(密陽)으로 은거(隱居)하였다. 『청렴록(淸廉錄)』의 기록을 보면, 예안현감(禮安縣監)으로 재임시 그 지방에 거목장이 명물이었는데 모인(某人)이 거목장을 선물함에 애용하다가 사임할 적에 "이 물건도 이 땅의 물건이니 내 어찌 가져가리오?" 하면서 주위의 간곡한 권유에도 불구하고 버리고 왔다 한다.

안구(安覯)는 안보문(安普文)의 아들이다. 호(號)가 태만(苔巒)인데 점필재 김종직(金宗直)의 문인(門人)으로 문과에 급제하여 사간(司諫)을 역임하였다. 일찍이 남원(南原)에 부임하여 선정(善政)을 베풀어 백성들이 비(碑)를 세우고 칭송했다고 한다. 청백리(淸白吏)에 기록되어 있다.

안증(安嶒)은 안구의 둘째 아들이다. 호(號)가 완구(玩龜)인데, 시강원 설서(侍講院說書)로 을사사화(乙巳士禍)를 예측하고 전원(田園)에 물러가 정자(亭子)를 짓고 남명(南冥) 조식(曺植), 산해(山海) 이아계(李鵝溪)와 더불어 사귀면서 학문에 전념했다. 호연사(虎淵祠)에 배향되었다.

안진(安軫)은 상호군(上護軍) 안응구의 아들이다. 자(字)를 경숙(敬叔)이라 하였고 평소에도 덕망이 높았다. 임진왜란이 일어나자 김성일(金誠一)을 도와 종군(從軍)하였으며, 선조 27년(1594)에 무과로 훈련원(訓練院) 봉사(奉事)와 주부(主簿)를 역임하고 부호군(副護軍)에 올랐고, 선무원종공신(宣武原從功臣) 삼등(三等)에 녹훈(錄勳)되었다.

안여경(安餘慶)은 안구의 증손(曾孫)이다. 호(號)가 옥천(玉川)인데 도의(道義)와 문장이 뛰어났다. 관산서원(冠山書院)에 배향되었다.

안신(安迅)은 안구의 현손(玄孫)으로 호(號)가 오휴자(五休子)인데 한강(寒岡) 정구(鄭逑)의 문인(門人)으로 역학(易學)과 예학(禮學)에 능통하였다. 임진왜란 때 세운 공으로 군기시(軍器寺) 부정(副正) 벼슬이 내렸다. 그는 『주자가례』에 우리나라 선현의 논설을 첨가하여 『가례부췌(家禮附贅)』 6권을 편찬하고, 『오현전(五賢傳)』과 우리나라의 말과 중국의 한자말에 대한 연구서인 『자해(字解)』 2권을 지어 선비들의 학문에 자료가 되도록 하였다.

성종조에서 중종조 인물인 안윤손(安潤孫)·안윤덕(安潤德)은 안성(安省)의 증손(曾孫)이다. 안윤손(安潤孫)은 성종 7년(1476) 별시문과(別試文科)에 을과(乙科)로 급제하고, 검토관(檢討官)으로 경연(經筵)에 참가했으며 부교리(副校理), 지평(持平), 장령(掌令) 등을 지냈다. 연산군 6년(1500)에 전라우도수군절도사(全羅右道水軍節度使)를 역임했고 이후 대사간(大司諫), 형조참의(刑曹參議) 등을 거치면서 청백리(淸白吏)로서 이름을 남겼다. 중종조에 대사헌(大司憲), 한성부 좌윤(漢城府左尹), 형조참판(刑曹參判) 등을 거쳐 동지중추부사(同知中樞府事)에 이르렀다.

안윤덕(安潤德)의 자(字)는 선경(善卿)이고 시호는 익혜(翼惠)다. 성종 14년(1483) 식년문과(式年文科)에 병과(丙科)로 급제한 이래 정언(正言), 지평(持平), 사간(司諫), 직제학(直提學) 등을 역임했고, 후에 경상(慶尙)·경기도관찰사(京畿道觀察使)를 지냈다. 연산군 10년(1504) 갑자사화(甲子士禍)에 연루되어 김제(金堤)로 유배되었다가 중종반정(中宗反正) 후 한성부 좌윤(漢城府左尹)이 되었다. 중종 5년(1510) 삼포왜란(三浦倭亂)이 일어나자 경상도도순찰사(慶尙道都巡察使)로서 부원수(副元帥)가 되어 난을 평정하였다. 다시 한성부 좌윤(漢城府左尹), 호조판서(戶曹判書), 의정부 좌참찬(議政府左參贊)에 등용되었으며, 평안도관찰사(平安道觀察使)로 재직 중에 단군(檀君), 기자(箕子)의 사당을 수축하기도 하였다.

안윤덕(安潤德)의 손자인 안여경(安汝敬)은 여주목사(驪州牧使)와 광주진관(廣州鎭管) 병마동첨절제사(兵馬同僉節制使)를 지냈고, 의정부 좌참찬(議政府左參贊)에 오르고 시호는 익헌(翼憲)이다.

안사웅(安士雄)은 안윤손(安潤孫)의 손자로 명종 1년(1546) 증광문과(增廣文科)에 급제하여 정언(正言), 지평(持平)을 거쳐 좌승지(左承旨), 병조참의(兵曹參議)에 이르렀고, 청백리(清白吏) 안성(安省), 안윤손(安潤孫)의 정신을 이어받아 청빈하였으므로 선조가 특별히 낙산(駱山) 아래에 집을 내렸다 전한다. 선조 때 순절한 분이다.

같은 손자인 안사언(安士彦)은 중종 17년(1517) 식년문과(式年文科)에 급제하여 청주목사(清州牧使), 이조참의(吏曹參議)를 지냈고, 안사준(安士俊)은 학문과 문장, 특히 서예에 능하였다.

안세징(安世徵)은 안사웅(安士雄)의 현손(玄孫)으로 숙종 1년(1675) 식년문과(式年文科)에 급제하여 우승지

(右承旨), 형조참의(刑曹參議), 공조참의(工曹參議)를 거쳐 보사원종공신(保社原從功臣) 일등(一等)에 녹훈(錄勳)되었다.

안대진(安大進)은 조선시대 청백리(淸白吏)로 유명했던 안성(安省)의 7세손이며 호당(湖堂)에 들어갔던 안윤손(安潤孫)의 증손이다. 선조 19년(1586) 문과(文科)에 올라 예문관(藝文館) 한림학사(翰林學士)가 되었는데 이산보(李山甫)의 문인(門人)으로 문장(文章)에 뛰어나 이산보(李山甫), 이정립(李廷立)과 함께 3대문장(大文章)으로 일컬어졌다. 임진왜란이 일어나자 해운도감(海運都監)의 현직(顯職)에 있으면서 큰 공을 세웠고 왕의 서천(西遷) 때에 호종(扈從)하였으며 이몽학(李夢鶴)의 난 때에는 홍주목사(洪州牧使) 홍가신(洪可臣)과 함께 이를 평정하여 공을 세웠다. 그리하여 선무(宣武), 호종(扈從), 청란(淸亂) 등의 1등공신에 녹훈되고 많은 사패지(賜牌地)를 받기도 했다. 선조가 그에게 내린 교지 말미에 "진충보국 만세보령(盡忠報國萬歲保寧)"이라고 추기된 것을 계기로 보령(保寧)이란 지명이 처음 생겼다고 한다.

한편 풍애(楓厓) 안민학(安敏學)은 글씨가 뛰어났던 안담(安曇)의 아들로, 역시 문재(文才)로 이름을 남겼다. 자(字)는 이습(而習), 시호는 문정(文靖)이며, 제자백가(諸子百家)에 통달하였고 필법(筆法)과 문장(文章)에도 뛰어나 사림(士林)의 존경을 받았다. 그는 사암(思菴) 박순(朴淳)에게 배우고 이이(李珥)의 추천으로 희릉참봉(禧陵參奉)에 임명되었는데, 이후 감찰(監察)을 거쳐 대흥(大興)·아산(牙山)·현풍(玄風) 등의 현감(縣監)을 역임했고, 임진란(壬辰亂) 때는 소모사(召募使)가 되어 군량수송을 맡았다. 먼저 세상을 떠난 아내에 대한 애도문이 남아있다.

안윤덕(安潤德)의 증손(曾孫)인 안황(安滉)의 자(字)는 경호(景湖)이다. 덕흥대원군(德興大院君)의 딸을 아내로 맞이한 후 사도시 정(司導寺正)이 되었고, 임진란(壬辰亂) 때에 돈녕부 도정(敦寧府都正)에 올라 임금을 호종

(扈從)하였다. 귀성공신이등(龜聖功臣二等)에 녹훈되고 광양군(廣陽君)으로 추봉되었다.

안응형(安應亨)의 아들이며 안황(安滉)의 손자인 안헌징(安獻徵)도 광해군 13년(1621)에 문과(文科)에 급제하고 인조 4년(1626)에 중시(重試)하여 검열(檢閱), 이조좌랑(吏曹佐郎)을 지냈고, 다시 예조정랑(禮曹正郎), 장령(掌令), 부승지(副承旨) 등을 거쳐 벼슬이 관찰사(觀察使)에 이르렀다. 문장에도 뛰어났다고 한다.

그리고 안황(安滉)의 증손이며 병조정랑(兵曹正郎) 안헌규(安憲規)의 아들 안후설(安後說)은 효종 3년(1652)에 증광시(增廣試) 문과(文科)에 을과(乙科)로 급제하여 호당(湖堂)에 들었고 사경기사관(司經記事官), 지평(持平), 수찬(修撰), 암행어사(暗行御史)를 지냈다. 현종조에는 동부승지(同副承旨), 좌부승지(左副承旨) 등을 두루 거치고 도승지(都承旨)에 이르렀다.

한편 숙종과 영조조에 효행과 학문으로 당대 이름이 높았던 송와(松窩) 안명하(安命夏)는 문장에 뛰어났으며,

많은 문인들이 그 이름 아래 모였다.

양기재(兩棄齋) 안서우(安瑞羽)도 일찍이 문명(文名)을 세상에 떨친 인물이다. 숙종 17년(1691) 생원(生員)이 되었고 이어 별시문과(別試文科)에 병과(丙科)로 급제했는데, 앞서 성묘종사(聖廟從祀)의 의논에 참여했으므로 승문원(承文院)에 뽑히지 못하고 태인군수(泰仁郡守), 울산부사(蔚山府使) 등의 외직을 역임하였다. 후에 첨지중추부사(僉知中樞府事)에 임명되었으나 취임하지 않았다.

안서우(安瑞羽)의 손자이며 안황(安滉)에게는 6대손이 되는 순암(順菴) 안정복(安鼎福)은 광주안문(廣州安門)이 배출한 영(英)·정(正)시대의 실학자(實學者)이다. 그는 이익(李瀷)의 문인(門人)으로서 봉사(奉事), 직장(直長), 별제(別提), 감찰(監察) 등을 지낸 후 세자익찬(世子翊贊), 세손사부(世孫師傅)로 있으면서 세손(世孫)을 가르쳤다. 이어 회인현감(懷仁縣監), 돈녕부 주부(敦寧府主簿), 첨지중추부사(僉知中樞府事)를 거쳐 동지중추부사(同知中樞府事)에 올랐으며, 광성군(廣城君)에 봉해졌다. 학문에 있어서는 이황(李滉)을 사숙(私淑)하였고, 이익(李瀷)의 뒤를 이어 이용후생(利用厚生)을 강조하는 실학(實學) 연구에 전심하였다. 특히 역사학에 깊은 관심을 보여 『동사강목(東史綱目)』을 저술하기도 하였다. 좌참찬(左參贊)에 추증되었고 시호는 문숙(文肅)으로 많은 저서(著書)와 편서(編書)가 있다.

그리고 안정최(安廷最)는 영정조조에 절충장군(折衝將軍)을 거쳐 도총관(都摠管)을 역임했으며, 정조 18년(1794)에 가선대부(嘉善大夫) 동지중추부사(同知中樞府事)가 되었다.

조선 말기(末期)에 오면 안민학(安敏學)의 후손으로서 안종화(安鍾和)가 있다. 자(字)는 사응(士應), 호는 수재로 궁내부낭관(宮內府郎官), 법부참서(法部參書), 세자시강원 시독(世子侍講院侍讀), 중추원의관(中樞院議官) 등을 역임하였는데, 1905년 을사조약(乙巳條約)이 체결되자 민영환(閔泳煥) 등과 함께 조약의 폐기를 주장했으나 뜻을 이루지 못하고 낙향하였다. 그는 역사에도 관심이 깊어 광범한 문헌을 인용하여 『국조인물지(國祖人物志)』를 편찬하였다.

안종수(安宗洙)는 세자필선(世子弼善)이었던 안효술(安孝述)의 증손(曾孫)으로 자(字)는 경전(敬專)이며 호(號)는 기정(起亭)이다. 고종 19년(1882)에 진사(進士)가 되고, 21년에 주사(主事)가 되었으며, 32년에 황해도(黃海道) 시찰관(視察官)을 거쳐 나주군수(羅州郡守)가 되었다. 남달리 학문에 조예가 깊어 내무대신(內務大臣) 박정양과 함께 국외(國外)를 두루 다녀와서 『농정신편(農政新編)』을 저술하였으며, 규장각 부제학(奎章閣副提學)에 추증(追贈)되었다.

성재(性齋) 허전(許傳)의 제자인 안희원(安禧遠)은 승지(承旨) 벼슬을 지낸 분인데 1917년에 간행된 『성호선생문집(星湖先生文集)』 27책본(冊本)을 다시 1922년에 전집(全集) 36책(冊)으로 간행하였다. 그는 이 일의 완성을 보지 못하고 타계하고 제자들이 계승하여 1922

년에 완간하였는데, 이것을 세칭 '6책본' 또는 '사포본(沙浦本)' 이라고 부르며, 경남 밀양시 부북면 전사포리 위위주부공후 모렴당공파의 모렴당 재실 경내에 있다.

광주안씨는 조선조에서 문과 급제자 43명, 호당(湖當) 1명, 청백리 2명, 공신 1명을 배출한 명문가이다. 이처럼 누대로 여러 자손들이 요직에 등용되어 광주안씨(廣州安氏) 문중을 빛냈으며, 특히 청렴한 관리로서 이름을 남긴 선조들이 많아 후세의 존경을 받고 있으니, 안성(安省), 안윤손(安潤孫), 안팽명(安彭命) 등이 그러한 대표적 인물이라 할 수 있다.

근래에 와서 이루어진 광주안씨(廣州安氏) 문중(門中) 사업은 1982년에 시조 안방걸(安邦傑) 이하 12세에 대해 봉위(奉位) 설단(設壇)하여 매년 양력 4월 1일에 시향(時享)하게 된 일이다. 그리고 1984년 10월, 조선조에 풍수지리설(風水地理說)을 근거로 왕자맥(王子脈)의 명당자리라 하여 이장(移葬)되었던 18세 안기(安器)의 묘소를 원자리로 복원한 일을 꼽을 수 있다.

구보서문(舊譜序文)

광주안씨구보서문(廣州安氏舊譜序文)

내 일찍이 세상 사람들이 화목과 혼인의 의리에 하나가 둘이 되어 둘, 셋, 넷, 다섯, 여섯, 일곱, 여덟, 아홉, 열이 됨을 달리 알지 못하여 혼미한 것을 슬퍼하였다.

선왕의 제도인 혼례법을 보면 같은 성과는 결혼하지 말라고 하였다. 동성의 친족은 비록 심히 소원한 처지에 이르렀어도 그 도리는 외족의 같은 증조, 고조보다도 가깝다. 같은 성의 여자의 자식들이 비록 나를 타인으로 볼지라도 나로서는 저들을 볼 때 그 역시 우리 조상과 한 맥의 핏줄과 기운을 받은 자이니 어찌 계대가 멀다하여 단절할 수 있으랴.

그런고로 내 평생 사람을 만나면 반드시 그 안과 밖의 계보를 물어보아 우리와 같은 종인인 안씨와 상관있으면 성이 같고 다름을 한정하지 않고 계촌의 멀고 가까움에 한정하지 아니하고 아울러 기록하되 안씨성 후손이면 상권에, 외손은 중하 2권에 기록하였다.

상권 첫머리에는 중국 안씨로 일어난 자의 내력과 그 근원의 본말을 기록하고, 우리나라 안씨로서 관향이 다른 자를 기록하였다. 미루어 생각하기를 근원이 같거나 다른 성손(姓孫)과 외손을 별도로 기록한 것은 안팎의 분별을 밝히고자 함이다.

이어 나와 증조 고조를 같이하는 외손을 상권에 아울러 기록함은 깊이 친절함을 보이고자 함이다. … 6자 누락 … 성의 도리라. 비록 서자라도 세계를 자세히 알고 있는 자 역시 자식으로 반드시 기록하고 … 2자 누락 … 시집간 여자의 후예와 정해진 배우자가 없이 태어난 바와 공과 사의 천한 노비에 이른 자까지 남녀를 불문하고 권의 말미에 이름을 곧바로 써넣었음은 배척함이 반드시 도리가 아님이며, 천한 것을 버리지 않고 두텁게 함이 도리(道)에서이다.

성인이 정한 예법에도 고조의 가묘를 훼손치 못하고, 가묘를 훼손하지 않는 것인 즉 그 자손은 바로 한집안(같은 집안) 사람인 것이다. 딸 사위와 함께 외손은 비록 어머니와 아내의 무리가 같은 고조 증조와는 멀리 벌어지지만 그 본래의 벼루(宗)를 보면 일가 사람이다. 누가 우리

친족과 안씨 외손이 친근하고 두텁지 아니하다고 하겠는가. 저 사람이 나를 친근하고 두터이 보는 것처럼 나를 대하는데 나는 그를 길거리 사람으로 보듯 대하며 그가 누구인지 알아보지 못하는 박절한 일을 하지 말아야 할 것이다. 그런고로 나는 외족 처족을 고조에 이르기까지 아울러 기록하여 별도로 한권을 만들었다.

오호라, 예법(禮法)에 여섯 가지 착한 도리를 행하는 바가 있으니 효도, 우애, 화목, 혼인, 신의, 구휼이 곧 그것인즉 내가 한 이 일이 어찌 예를 지키고 실행하는 예법에 어긋남이 있으랴!

* 이 족보 서문은 사간공 안성(安省 : 1344~1421)이 쓴 것으로 광주안씨의 가장 오래된 족보의 서문이다. 이는 우리나라 족보의 서문 가운데 가장 오래 된 것으로 보여지기도 하는데, 서문을 쓴 안성이 세종 3년(1421)에 생을 마쳤으므로 1400년대 초에 쓴 것으로 추정한다. 서문에서 말하고 있는 족보 3권은 아쉽게도 남아있지 않고, 서문만 남아있다.

경술보 발(庚戌譜跋)

우리 안씨가 광주(廣州)에서 성을 받은 것은 고려 초부터 이미 그러하였는데, 대보(大譜)가 없어서 상고에 대해서는 징험할 길이 없은 지 이미 오래이고, 국초(國初)에 사간공(思簡公) 선조가 족보 3권을 만들었는데, 그 족보는 없어져 전해지지 않지만 다행히 서문이 남아 있어서 범례와 규모를 개괄적이나마 알 수가 있다. 그 뒤로는 종인(宗人)들이 각자 파별로 만들어 전하고 이어올 따름이다.

나의 증조 별검(別檢) 휘 신행(信行), 동지(同知) 휘 건행(健行) 두 부군(府君)이 모두 합보(合譜)할 뜻을 두었으나 책이 미처 이루어지지 못하였고, 조부 양기재 부군(兩棄齋府君) 휘 서우(瑞羽)와 우리 선군(先君) 휘 극(極)이 선지(先志)를 계술하여 경외의 제족들에게서 보첩을 수합하였으나 역시 일을 끝마치지 못하였다. 그 후에 영묘(英廟) 무오년(1738)에 영남에 사는 종장(宗丈) 의형(義亨)이 발론을 하여 드디어 전보(全譜)를 이룩하였다. 만약 무오본(戊午本)이 없었다면 우리 안씨는 서성(庶姓)에 불과하고 말았을 것이니, 어찌 큰 다행이 아니겠는가. 당시 수보(修譜)를 할 때에 나도 나이 어린 후생으로서 일하는 대열에 끼었는데, 그 족보가 간행된 지 이미 50년이 넘었다. 그간에 자손이 더 번창했을 뿐만 아니라 그 중에는 미처 상고하지 못하여 잘못된 대목도 있다.

안 좌랑 경점(安佐郞景漸)은 총명하고 박학한 사람이다. 신축 연간에 나에게 편지를 보내기를, "우리 집안의 전보

(全譜)가 유행된 것은 실로 전고에 못했던 바인데, 지금 중간에 다시 살펴야 할 것이 있습니다. 서울과 시골에서 우리 두 사람이 다시 수정을 하지 않는다면 후손들이 취신(取信)할 길이 없게 될 것이니, 어찌 지금 서둘지 않을 수 있겠습니까?"하였다. 내가 이에 사양하지 않고 일을 담당했는데, 단지 초본 1, 2본만 만들어내어 두 집에 나누어 보관해 둘 작정이었다. 그런데 불행하게도 좌랑군이 이미 죽고 나는 병폐(病廢)하여 다시는 상의할 사람이 없으므로 그대로 내버려두려고 했는데, 뜻밖에도 호서(湖西)의 종인(宗人) 상성(尙成)이 의욕을 갖고 창론(唱論)하여 제종에게 통문을 해서 각기 명하전(名下錢)을 거두어 반드시 성취할 계획을 하였다. 다만 종중은 가난하고 힘이 약하고 공가(工價)는 너무나도 비싸서 뜻대로 되지 않은 것이 많으니 이것이 한스럽다. 그러나 이 족보가 이루어진 것은 지공무사(至公無私)한 뜻에서 나온 것이니, 여러 종족들이 만약 이 뜻을 헤아려서 한 기운을 받은 골육지친의 뜻을 잊지 않는다면 비록 서파(庶派)일지라도 이 뜻을 미루어 스스로 소외감을 느끼고 자별(自別)하는 마음을 두지 않을 것이다. 그렇게 되면 정자(程子)가 말한 "종족을 거두고 풍속을 후하게 한다"는 것이 실로 여기에 있을 것이다. 바라건대 각기 힘쓸지어다.

문벌록(門閥錄)

문과방목(文科榜目)

안경설(安景說) 은노(殷老), 영조 32년(1756), 식년시(式年試) 병과(丙科)9

안경점(安景漸) 영조 47년(1771), 식년시(式年試) 병과(丙科)62

안 구(安 覯) 사중(思仲), 성종 25년(1494), 별시(別試) 병과(丙科)10

안극효(安克孝) 이달(而達), 선조 22년(1589), 증광시(增廣試) 병과(丙科)3

안긍원(安兢遠) 고종 9년(1872), 별시(別試) 병과(丙科)14

안대진(安大進) 퇴지(退之), 선조 19년(1586), 중시(重試) 병과(丙科)1

안대진(安大進) 퇴지(退之), 선조 19년(1586), 알성시(謁聖試) 병과(丙科)5

안묵지(安默知) 공달(公達), 선조 9년(1576), 식년시(式年試) 병과(丙科)13

안사언(安士彦) 언경(彦卿), 중종 17년(1522), 식년시(式年試) 을과(乙科)3

안사웅(安士雄) 위백(偉伯), 명종 1년(1546), 증광시(增廣試) 병과(丙科)23

안서우(安瑞羽) 봉거(鳳擧), 숙종 20년(1694), 별시(別試) 병과(丙科)18

안세징(安世徵) 자원(子遠), 숙종 1년(1675), 식년시(式年試) 병과(丙科)11

안 숙(安 璹) 대이(待而), 광해 1년(1609), 증광시(增廣試) 병과(丙 科)22

안시현(安時賢) 군망(君望), 인조 4년(1626), 정시(庭試) 병과(丙科)2

안 식(安 栻) 경부(敬夫), 영조 1년(1725), 정시(庭試) 병과(丙科)11

안완경(安完慶) 세종 18년(1436), 중시(重試) 을과(乙科)2

안완경(安完慶) 세종 5년(1423), 식년시(式年試) 을과(乙科)3

안 용(安 容) 사묵(士默), 명종 13년(1558), 식년시(式年試) 병과(丙科)16

안 우(安 宇) 태허(太虛), 중종 19년(1524), 별시(別試) 병과(丙科)10

안 욱(安 旭) 명원(明遠)·청천(淸川), 선조 35년(1602), 알성시 갑과(甲科)1

안윤덕(安潤德) 선경(善卿), 연산군 3년(1497), 중시(重試) 병과(丙科)2

안윤덕(安潤德) 선경(善卿), 성종 14년(1483), 춘당대시(春塘臺試) 병과(丙科)23

안윤손(安潤孫) 홍조(弘祖), 성종 7년(1476), 별시(別試) 을과(乙科)3

안응로(安應魯) 몽여(夢與)·취치(醉癡), 광해군 8년(1616), 별시(別試) 병과(丙科)4

안응원(安應元) 선백(善伯), 선조 34년(1601), 식년시(式年試) 병과(丙科)23

안응형(安應亨) 숙가(叔嘉)·정재(靜齋), 선조 39년(1606), 식년시 병과(丙科)23

안정대(安鼎大) 내백(來伯), 영조 30년(1754), 증광시(增廣試) 병과(丙科)21

안정보(安廷輔) 영조 9년(1733), 식년시(式年試) 병과(丙科)22

안종록(安宗祿) 정길(廷吉), 선조 29년(1596), 정시(庭試) 갑과(甲科)1

안종화(安鍾和) 고종 31년(1894), 전시(殿試) 병과(丙科)8

안 주(安 宙) 태고(太古), 중종 23년(1528), 식년시(式年試) 을과(乙科)1

안 증(安 嶒) 사겸(士謙)·완귀(玩龜), 명종 3년(1548), 별시 병과(丙科)18

안팽명(安彭命) 덕보(德甫), 성종 3년(1472), 춘당대시(春塘臺試) 병과(丙科)16

안한영(安漢英) 정수(廷秀), 중종 2년(1507), 증광시(增廣試) 병과(丙科)10

안헌규(安獻規) 자정(子正), 인조 13년(1635), 증광시(增廣試) 병과(丙科)25

안헌규(安獻規) 자정(子正), 인조 4년(1626), 별시(別試) 병과(丙科)2

안헌징(安獻徵) 성관(聖觀)·구포(鷗浦), 광해군 13년(1621), 정시 을과(乙科)1

안헌징(安獻徵) 성관(聖觀)·구포(鷗浦), 인조 4년(1626), 중시(重試) 병과(丙科)2

안효술(安孝述) 계이(繼而), 순조 21년(1821), 정시(庭試) 병과(丙科)2

안효철(安孝轍) 고종 24년(1887), 별시(別試) 병과(丙科)1

안후석(安后奭) 성좌(聖佐), 영조 2년(1726), 식년시(式年試) 병과(丙科)1

안후열(安後說) 덕우(德雨)·재곡(齋谷), 효종 3년(1652), 증광시 을과(乙科)7

안후정(安后靜) 군경(君敬), 숙종 25년(1699), 식년시(式年試) 병과(丙科)5

안후직(安後稷) 덕초(德初), 효종 1년(1650), 증광시(增廣試) 병과(丙科)12

안후창(安後昌) 흥숙(興叔), 효종 5년(1654), 식년시(式年試) 병과(丙科)16

안후태(安後泰) 내숙(來叔), 현종 7년(1666), 식년시(式年試) 병과(丙科)11

안희원(安禧遠) 길수(吉叟), 고종 13년(1876), 식년시(式年試) 병과(丙科)21

무과방목(武科榜目)

안몽득(安夢得) 명종 7년(1552), 별시(別試) 병과(丙科)194

안 준(安 峻) 선조 11년(1578), 식년시(式年試) 을과(乙科)3

안성남(安成男) 선조 29년(1596), 별시(別試) 병과(丙科)2124

안승남(安承男) 선조 31년(1598), 별시(別試) 병과(丙科)2125

안계생(安繼生) 선조 34년(1601), 별시(別試) 병과(丙科)365

안경득(安京得) 선조 31년(1598), 별시(別試) 병과(丙科)4169

안광수(安光秀) 명종 21년(1566), 별시(別試) 병과(丙科)4355

안길남(安吉男) 선조 24년(1591), 별시(別試) 병과(丙

科)4841
안경생(安慶生) 별시(別試) 병과(丙科)948
안후경(安厚慶) 별시(別試) 병과(丙科)1133
안계명(安啓明) 인조 24년(1646), 별시(別試) 병과(丙科)23

사마방목(司馬榜目)

안숙희(安叔禧) 증광시(增廣試) 3등(三等) 46위
안승효(安承孝) 식년시(式年試) 3등(三等) 67위
안한영(安漢英) 식년시(式年試) 3등(三等) 17위
안윤국(安潤國) 식년시(式年試) 3등(三等) 52위
안승명(安承命) 식년시(式年試) 3등(三等) 29위
안자문(安子文) 식년시(式年試) 3등(三等) 22위
안사언(安士彦) 식년시(式年試) 3등(三等) 17위
안사웅(安士雄) 식년시(式年試) 3등(三等) 1위
안 영(安 嶸) 식년시(式年試) 3등(三等) 46위
안사준(安士俊) 식년시(式年試) 2등(二等) 5위
안사준(安士俊) 식년시(式年試) 3등(三等) 23위
안사영(安士英) 식년시(式年試) 3등(三等) 25위

안수연(安守淵) 식년시(式年試) 1등(一等) 5위

안 증(安 嶒) 식년시(式年試) 3등(三等) 15위

안 택(安 宅) 식년시(式年試) 3등(三等) 40위

안 용(安 容) 식년시(式年試) 3등(三等) 67위

안철산(安鐵山) 태종 14년(1414), 식년시(式年試) 생원(生員) 2등(二等) 5위

안계수(安繼壽) 1505, 식년시(式年試) 2등(二等) 15위

안묵지(安默知) 1530, 식년시(式年試) 3등(三等) 16위

안묵지(安默知) 1530, 식년시(式年試) 3등(三等) 45위

안여경(安餘慶) 1539, 식년시(式年試) 3등(三等) 66위

안극효(安克孝) 1554, 식년시(式年試) 3등(三等) 37위

안윤신(安潤身) 1549, 식년시(式年試) 3등(三等) 66위

안 숙(安 璹) 1572, 증광시(增廣試) 3등(三等) 63위

안우길(安遇吉) 1593, 증광시(增廣試) 2등(二等) 10위

안대수(安大遂) 1575, 식년시(式年試) 2등(二等) 10위

안응로(安應魯) 1586, 식년시(式年試) 2등(二等) 19위

안대술(安大述) 1564, 증광시(增廣試) 3등(三等) 41위

안신행(安信行) 1611, 증광시(增廣試) 3등(三等) 4위

안민행(安敏行) 1613, 식년시(式年試) 2등(二等) 4위

안우성(安遇聖) 1600, 식년시(式年試) 2등(二等) 15위

안숭경(安崇慶) 1605, 증광시(增廣試) 3등(三等) 28위

안윤행(安允行) 1616, 식년시(式年試) 3등(三等) 42위

안후직(安後稷) 1620, 식년시(式年試) 2등(二等) 2위

안후창(安後昌) 1612, 식년시(式年試) 3등(三等) 47위

안건행(安健行) 1625, 증광시(增廣試) 3등(三等) 55위

안진행(安晋行) 1618, 증광시(增廣試) 3등(三等) 57위

안시철(安時哲) 1624, 증광시(增廣試) 3등(三等) 14위

안후열(安後說) 1632, 식년시(式年試) 3등(三等) 24위

안후태(安後泰) 1635, 식년시(式年試) 3등(三等) 25위

안 적(安 績) 1626, 증광시(增廣試) 2등(二等) 6위

안시진(安時進) 1622, 증광시(增廣試) 2등(二等) 12위

안필신(安必愼) 1628, 식년시(式年試) 3등(三等) 38위

안시퇴(安時退) 1634, 증광시(增廣試) 3등(三等) 33위

안후상(安後相) 1637, 식년시(式年試) 2등(二等) 22위

안세징(安世徵) 1639, 식년시(式年試) 3등(三等) 57위

안서정(安瑞鼎) 1653, 증광시(增廣試) 3등(三等) 47위

안후사(安后思) 1648, 식년시(式年試) 2등(二等) 5위

안 만(安 曼) 1645, 식년시(式年試) 3등(三等) 50위

안서주(安瑞疇) 1658, 증광시(增廣試) 1등(一等) 3위

안세복(安世復) 1644, 식년시(式年試) 2등(二等) 18위

안서우(安瑞羽) 1664, 증광시(增廣試) 2등(二等) 12위

안후정(安后靜) 1659, 증광시(增廣試) 3등(三等) 9위

안서채(安瑞采) 1657, 식년시(式年試) 3등(三等) 16위

안세환(安世煥) 1662, 식년시(式年試) 3등(三等) 55위

안택인(安宅仁) 1671, 식년시(式年試) 3등(三等) 21위

안세덕(安世德) 1696, 증광시(增廣試) 2등(二等) 1위

안세광(安世光) 1683, 증광시(增廣試) 3등(三等) 8위

안후석(安后奭) 1683, 증광시(增廣試) 3등(三等) 40위

안후려(安后慮) 1670, 식년시(式年試) 2등(二等) 12위

안택명(安宅明) 1683, 식년시(式年試) 2등(二等) 20위

안정추(安廷樞) 1696, 식년시(式年試) 3등(三等) 21위

안세태(安世泰) 1691, 증광시(增廣試) 3등(三等) 52위

안경증(安景曾) 1732, 식년시(式年試) 3등(三等) 24위

안정윤(安鼎尹) 1721, 식년시(式年試) 3등(三等) 66위

안치중(安致重) 1734, 식년시(式年試) 2등(二等) 4위

안택중(安宅中) 1745, 증광시(增廣試) 2등(二等) 6위

안홍리(安弘履) 1730, 식년시(式年試) 3등(三等) 5위

안정리(安正履) 1734, 식년시(式年試) 3등(三等) 34위

안호중(安琥重) 1759, 식년시(式年試) 3등(三等) 50위

안철중(安喆重) 1755, 증광시(增廣試) 3등(三等) 67위

안효술(安孝述) 1774, 증광시(增廣試) 2등(二等) 8위

안최중(安最重) 1786, 증광시(增廣試) 3등(三等) 25위

안효천(安孝天) 1771, 식년시(式年試) 3등(三等) 41위

안붕원(安鵬遠) 1805, 식년시(式年試) 3등(三等) 64위

안효근(安孝根) 1802, 식년시(式年試) 2등(二等) 7위

안수중(安琇重) 1808, 증광시(增廣試) 3등(三等) 5위

안효각(安孝恪) 1810, 증광시(增廣試) 3등(三等) 62위

안규화(安奎華) 1810, 식년시(式年試) 3등(三等) 35위

안상철(安尙哲) 1808, 식년시(式年試) 3등(三等) 56위

안효일(安孝一) 1819, 식년시(式年試) 2등(二等) 2위

안효가(安孝可) 1823, 증광시(增廣試) 3등(三等) 39위

안효구(安孝構) 1816, 식년시(式年試) 1등(一等) 1위 장원

안효완(安孝完) 1827, 식년시(式年試) 2등(二等) 1위

안경수(安景壽) 1835, 증광시(增廣試) 3등(三等) 74위

안효준(安孝準) 1806, 식년시(式年試) 2등(二等) 5위

안영중(安永重) 1822, 식년시(式年試) 3등(三等) 72위

안민중(安珉重) 1841, 식년시(式年試) 2등(二等) 19위

안긍원(安兢遠) 1820, 식년시(式年試) 3등(三等) 27위

안효식(安孝寔) 1834, 식년시(式年試) 3등(三等) 52위

안석중(安石重) 1851, 식년시(式年試) 3등(三等) 161위

안종협(安鍾恊) 1825, 식년시(式年試) 3등(三等) 70위

안효응(安孝膺) 1823, 증광시(增廣試) 3등(三等) 17위

안택중(安宅重) 1810, 증광시(增廣試) 3등(三等) 105위

안경철(安景喆) 1808, 증광시(增廣試) 3등(三等) 133위

안효필(安孝弼) 1855, 증광시(增廣試) 3등(三等) 55위

안종수(安宗洙) 1849, 증광시(增廣試) 3등(三等) 94위

안종덕(安鍾悳) 1841, 증광시(增廣試) 3등(三等) 118위

안장원(安璋遠) 1861, 식년시(式年試) 3등(三等) 12위

안효준(安孝俊) 1840, 식년시(式年試) 3등(三等) 67위

안종철(安鍾哲) 1838, 식년시(式年試) 3등(三等) 89위

안석원(安碩遠) 1831, 증광시(增廣試) 3등(三等) 59위

안종엽(安鍾曄) 1862, 식년시(式年試) 3등(三等) 162위

안종한(安鍾翰) 1874, 증광시(增廣試) 3등(三等) 205위

안태원(安泰遠) 1852, 증광시(增廣試) 3등(三等) 58위

안종화(安鍾和) 1860, 식년시(式年試) 3등(三等) 389위

안긍수(安肯洙) 1874, 식년시(式年試) 3등(三等) 691위

공신(功臣)

안윤덕(安潤德) 중종조, 삼포왜란(三浦倭亂) 평정

안숙인(安淑仁) 중종조, 삼포왜란(三浦倭亂) 평정

안여경(安汝敬) 명종조, 순충적덕보조공신(純忠積德補祚功臣)

안 황(安 滉) 선조조, 호성2등공신(扈聖二等功臣)

안응원(安應元) 선조조, 호성원종3등공신(扈聖原從三等功臣)

안응형(安應亨) 선조조, 호성원종3등공신(扈聖原從三等功臣)

안시성(安時聖) 선조조, 호성원종3등공신(扈聖原從三等功臣)

안대진(安大進) 선조조, 선무 호성 청난 원종1등공신(宣武 扈聖 淸難 原從一等功臣)

안이명(安以命) 선조조, 선무원종1등공신(宣武原從一等功臣)

안 근(安 瑾) 선조조, 선무원종3등공신(宣武原從三等功臣)

안 수(安 琇) 선조조, 선무원종3등공신(宣武原從三等功臣)

안시명(安諟命) 선조조, 선무원종3등공신(宣武原從三等功臣)

안 진(安 軫) 선조조, 선무원종3등공신(宣武原從三等功臣)

안신명(安信命) 선조조, 선무원종3등공신(宣武原從三等功臣)

안덕남(安德男) 선조조, 선무원종3등공신(宣武原從三等功臣)

안응조(安應祖) 중종조, 정사원종공신(靖社原從功臣)

안극사(安克思) 세조조, 좌익원종2등공신(佐翼原從二等功臣)

봉군(封君)

안여경(安汝敬) 광계군(廣溪君)

안 황(安 滉) 광양군(廣陽君)

안응원(安應元) 광원군(廣原君)

안 극(安 極) 광평군(廣平君)

안정복(安鼎福) 광성군(廣城君)

시호(諡號)

안 성(安 省) 사간(思簡)

안윤덕(安潤德) 익헌(翼憲)

안민학(安敏學) 문정(文靖)

문형(文衡)

안 헌(安 獻) 광해조

호당(湖堂)

안완경(安完慶) 세종조

안윤손(安潤孫) 성종조

안한영(安漢英) 중종조

안종록(安宗祿) 선조조

안민학(安敏學) 성종조

안후열(安後說) 효종조

안명하(安命夏) 철종조

청백리(淸白吏)

안 성(安 省) 태종조

안팽명(安彭命) 성종조

안 구(安 觀) 연산조

안 황(安 滉) 명종조

안민학(安敏學) 선조조

안중관(安重觀) 선조조

안후열(安後說) 효종조

안처선(安處善) 태종조 : 동국문헌록

절의(節義)

안 성(安 省) 고려말, 두문제현

안엄경(安淹慶) 세종조, 세종조명신록

세계(世系)와 항렬(行列)

세계도(世系圖)

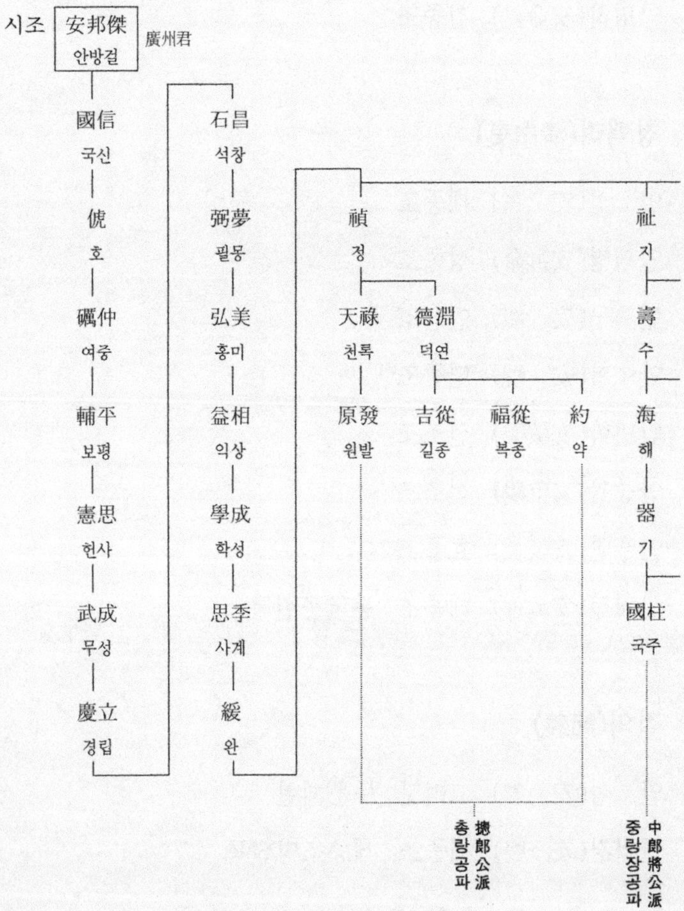

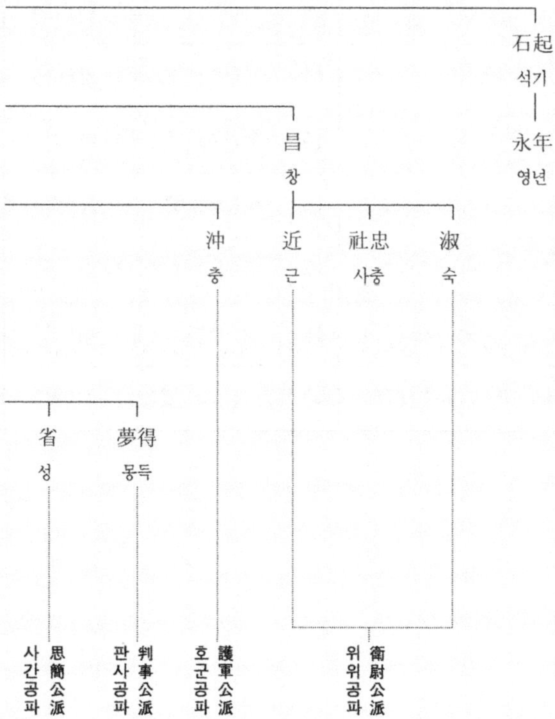
石起
석기
永年
영년
昌
창
沖
충
近
근
祀忠
사충
淑
숙
省
성
夢得
몽득
思簡公派
사간공파
判事公派
판사공파
護軍公派
호군공파
衛尉公派
위위공파

항렬표(行列表)

세	항 렬 자	세	항 렬 자
32	景(경)	41	鉉(현)·鎬(호)·鎔(용)
33	重(중)	42	永(영)·泰(태)·漢(한)
34	孝(효)	43	根(근)·植(식)·杓(표)
35	遠(원)	44	然(연)·光(광)·思(사)
36	鍾(종)·彦(언)	45	奎(규)·均(균)·埴(식)
37	洙(수)·河(하)·鎭(진)	46	錫(석)·鎭(진)·鍊(련)
38	秉(병)·碩(석)·榮(영)	47	源(원)·濬(준)·求(구)
39	煥(환)·文(문)·燁(엽)	48	相(상)·東(동)·楨(정)
40	在(재)·基(기)·國(국)	49	煜(욱)·燮(섭)·炯(형)

역대 주요 인물(歷代主要人物)

고려시대 인물(高麗時代 人物)

안 유(安 綏)

고려 명종조에 문과에 급제하여 벼슬에 나아가 전중시어사(殿中侍御史)에 이르렀다. 광주에서 함안으로 이거하여 그곳에서 자손이 번창하였다.

영남안렴사(嶺南按廉使)로 왜구의 침입을 막고 백성을 편안하게 하여 지역민들이 그의 정치를 감당(甘棠)의 고사(팔배나무의 무성함을 훌륭한 정치에 기린 중국 고사)에 비유하였다.

안국신(安國信)

고려조에 문하시중(門下侍中)을 지냈다.

안여중(安礪仲)

고려조에 문하시중(門下侍中)을 지냈다.

안보평(安輔平)

고려조에 내사시랑(內史侍郎)을 지냈다.

안필몽(安弼夢)

고려조에 내사령(內史令)을 지냈다.

안홍미(安弘美)

고려조에 문하시중(門下侍中)을 지냈다.

안익상(安益相)

고려조에 내의령(內議令)을 지냈다.

안 완(安 綏)

고려조에 전중시어사(殿中侍御史)를 지냈다.

안 정(安 禎)

고려 고종조에 문과(文科)에 급제하여 이부총랑(吏部摠郞)을 지냈다.

안 지(安 祉)

고려 고종조에 문과(文科)에 급제하고, 벼슬이 광록대부(光祿大夫) 군기시판사 상호군(軍器寺判事上護軍), 동로어사(東路御史)에 올랐다. 문장으로 세상을 울렸으나 산림에 물러나 제자 양성에 힘썼다.

관찰사로 재임할 당시 안이대촌(安李大村)에 우물을 파니 수량이 많고 시원하였는데 그 우물을 지금도 '관찰정(觀察井)'이라고 이른다.

배위 정부인(貞夫人) 경주이씨(慶州李氏)는 삼중대광(三重大匡) 문효공(文孝公) 월성부원군(月城府院君) 국당(菊堂) 천(蒨)의 딸이다.

안 수(安 壽)

고려 충렬왕조에 문과(文科)에 급제하여 광정대부(匡靖大夫) 도평의사사(都評議司使)를 지냈다.

문장(文章)과 필법(筆法)으로 명성이 높았으며, 사간(司諫)을 지낼 당시 고향 안이대촌(安李大村) 앞에 나무를 심고 정자를 지어 즐겼다.

안 창(安 昌)

고려조에 위위주부(衛尉主簿)를 지냈다.

안 해(安 海)

고려 충선왕조에 문과에 급제하여 벼슬이 봉선대부(奉善大夫) 침원서령(寢園署令)에 오르고, 봉익대부(奉翊大夫) 밀직제학부사에 증직되었다.

한림(翰林)으로 중국 사신을 맞이하였을 때 예의(禮義)와 문장(文章)이 중국에도 손색없다는 평을 들어 특별히 제학(提學)으로 제수받았는데, 그때 조정에 상서로운 봉황이 울었다고 『동사절요(東史節要)』의 「직신전

(直臣傳)」에 실려 전한다.

안 충(安 冲)

고려 충숙왕조에 문과(文科)에 급제하였으며, 벼슬은 상호군(上護軍)을 지냈다. 공민왕조에 벼슬을 버리고 물러났다.

안사충(安社忠)

고려조에 이부총랑(吏部摠郎)을 지냈다.

안 기(安 器)

고려 공민왕조에 문과(文科) 중시(重試)에 급제하여 봉순대부(奉順大夫) 판전농시사(判典農寺事)를 역임하였다. 우왕조와 창왕조까지 3대에 걸쳐 봉사하였으나 공양왕 때 병을 핑계로 벼슬을 버리고 귀향하였다.

생졸년은 그동안 미상으로 되어 있었으나 태종실록(太宗實錄)에 1408년 1월 차남 사간공 안성(安省)이 부친의 병으로 경상도 관찰사를 사직했다고 나오므로, 이

해에 노환으로 별세했다고 추측되는데, 이후 한 동안 사간공의 관직활동 기록이 보이지 않으므로 얼마간의 복상(服喪) 기간이 있었다고 보여진다. 족보 등에 향년이 85세로 나오므로 충숙왕 11년(1324)에 태어난 것으로 추정된다.

휘 기 묘갈(諱器墓碣)

공의 휘는 기(器), 성은 안씨(安氏), 관향은 광주(廣州)이다. 시조의 휘는 방걸(邦傑)인데 고려 태조를 도운 공훈이 있어 광주군에 봉해진 연유로 관향을 삼게 되었다. 시어사 휘 유(綏)에 이르러 함안배씨(咸安裵氏)에게 장가들어 함안군으로 이사했는데, 지금의 안인촌(安仁村)에 있는 관찰정(觀察井)과 사간정(司諫亭)은 모두 안씨의 옛 유적이다. 이 분이 휘 지(祉)를 낳으니 광록대부 판군기시사 상호군이다. 이 분이 휘 수(壽)를 낳으니 광정대부 도평의사사이다. 이 분이 휘 해(海)를 낳으니 봉선대부 침원서령 증 밀직부사인데, 곧 공의 부친이다.

공은 공민왕(충선왕이라고도 함)조에 과거에 급제하여 관직이 봉순대부 판전농시사에 이르렀다. 공양왕 초에 질병을 칭탁하고 물러나 노년을 보내다가 세상을 마쳤는데 향년 85세였다. 군의 북쪽 대산리(大山里) 송천(松川) 강석산(姜石山) 해좌(亥坐) 언덕에 안장하였다. (安鼎福, 順菴集, 제21권 墓碣)

안 의(安 義)

고려 충정왕조에 벼슬이 군기시 판사(軍器寺判事)에 이르렀다.

안국주(安國柱)

고려 공민왕조에 등제하여 벼슬이 신호위중랑장겸 합문지후(神虎衛中郎將兼閤門祗候)에 이르렀다. 고려가 망함에 탁질종신(托疾終身)하였으며, 향년 팔십이다. 효성이 지극하여 『함수삼강록(咸州三綱錄)』에 전한다.

휘 국주 묘갈(諱國柱墓碣)

공의 휘는 국주(國柱), 성은 안씨(安氏)이다. 그 선계는 광주인(廣州人)으로 고려대장군 휘 방걸(邦傑)의 후예이다. 중세에 휘 유(綏)는 전중시어사인데 배씨에게 장가들어 처가를 따라 함안군으로 옮겨서 살았다. 지금의 안인촌(安仁村)에 유지(遺址)가 아직까지 남아 있는데, 이 분이 공에게는 5대조가 된다. 광록대부 판군기시사 상호군 휘 지(祉), 광정대부 도평의사사 휘 수(壽), 봉선대부 침원서령 증 밀직부사 휘 해(海), 봉순대부 판전농시사 휘 기(器)는 곧 공의 위 4대이다. 판사공이 안렴사 청송(靑松) 심해(沈海)의 딸에게 장가들어 공을 낳았다.

공은 공민왕조에 과거에 급제하여 관직이 중랑장 합문지후에 이르렀는데, 나라가 망하자 벼슬하지 않았다. 공의 장남은 고려조의 생원이었는데 우리 태종이 찰방으로 불렀으나 나가지 않았다.

돌아가시기에 이르러 영상 조석문(曺錫文)이 만사를 지어 애도하기를,

빗속에서 사립을 쓰고 소를 탄 나그네여
일찍이 대궐문을 향하여 조칙을 기다리다 돌아갔네
율리(栗里)의 밭 가운데 진(晋) 나라 풀을 매고
수양산에서 은(殷) 나라 고사리를 캐었도다
형제가 화락하기는 그대만한 이 적었고
부자의 곧은 충성도 그대만한 이 드물었네
임금이 하사한 푸른 도포를 때로 붙잡고 울더니
지금껏 남은 눈물 다 마르지 않았다오.

라고 했는데, 공의 출처의 큰 절개는 세대가 아득히 멀어 비록 상세히 알 수는 없으나 앞의 만사 가운데 이른바 '부자의 곧은 충성'이라는 말을 여러 차례 반복하여 기림에 그 망복(罔僕)의 충절을 볼 수 있다.

공은 4남 5녀를 두었다. 맏아들은 강(岡)인데 생원이고, 다음은 헌(獻)인데 후사가 없고, 다음은 현(峴)인데 좌랑이고, 다음은 제(齊)이다. 딸은 소감 양택(楊澤), 감무 허거(許秬), 부령 홍은(洪誾), 유좌명(兪佐明), 석여강(石汝剛)에게 출가하였다. 공의 현손 사간 구(覯)는 점필재(佔畢齋) 김종직(金宗直) 선생의 문하에 종유하였고, 조정에 있어서는 청명(淸名)이 있었다. 사간공의 아들 좌랑 증(嶒)은 남명(南冥) 조식(曺植) 선생과 친한 사이였는데 을사년(1545, 인종 1)의 사화(士禍)에 화를 당하였다. 7대손 옥천(玉川) 여경(餘慶)은 한강(寒岡) 정구(鄭逑) 선생과 사귀어 도의로 드러났으며, 도사 숙(璹)은 정인홍의 북당(北黨)에 물들지 않아 절행(節行)으로 이름이 높았다. 이렇게 개석(介石)의 곧은 조행(操行)이 혁혁하게 대대로 서로 전한 것은 아마 공의 여운(餘韻)이 그렇게 하도록 한 것이리라. 아, 성대하도다. 이 글을 비석에 새길 때는 석여강(石汝剛) 이하의 자손록을 다음과 같이 고쳤다. 장남 생원공의 자손은 사성 숙선(淑善), 시직 숙량(淑

良), 사간 구(覯), 진사 영(嶸), 사서 증(嶒), 생원 수연(守淵), 참봉 종경(宗慶), 생원 여경(餘慶), 부정 신(玔), 정랑 숙(璹), 감찰 전(琠), 생원 시진(時進)·시퇴(時退), 학정 후정(后靜)이 있다. 삼남 좌랑공의 자손은 생원 여거(汝居), 교관 인(仁), 현령 의(義), 참봉 세기(世機), 첨정 응호(應虎)가 있다. 사남 제의 자손은 진사 효인(孝仁), 직장 효의(孝義)가 있다. 혁혁하게 대대로 빛나는 벼슬이 지금까지 끊어지지 않으니, 아, 홍성하기도 하여라.

묘소는 마륜리(馬輪里) 명달전(明達田) 감좌(坎坐) 언덕에 있는데, 오래도록 비석이 없었다. 원손 명보(命普), 복신(福新) 등이 비석을 세워 드러내니, 때는 홍무(洪武) 임신년(1392, 태조 1)으로부터 381년 후인 임진년(1772, 영조 48) 11월 모일이다. 방후손 익위사 익찬 정복은 삼가 기록한다. (安鼎福, 순암선생문집 제21권 묘갈)

안 정(安 鼎)

고려조에 벼슬이 중랑장(中郞將)에 이르렀다.

조선시대 인물(朝鮮時代 人物)

안 성(安 省)

초명은 소목(少目), 자는 일삼(日三)이며 호는 설천(雪泉)·천곡(泉谷)으로 충혜왕 5년(1344)에 태어나서 세종 3년(1421)에 별세하였다.

고려 우왕 초 진사에 합격하고, 우왕 6년(1380) 문과에 급제하여 보문각 직학사(寶文閣直學士)를 거쳐 상주판관이 되어 청렴한 이름을 떨쳤으며, 재직중 다 허물어진 상주성(尙州城)을 중수(重修)하였다.

조선 개국 후, 태조 2년(1393) 청백리에 뽑혀 송경유후(松京留後)에 임명되었을 때, "자신이 대대로 고려에 벼슬한 가문으로서 어찌 다른 사람의 신하가 되어 송경에 가서 조상의 영혼을 대하랴" 하고 궁전 기둥에 머리를 부딪치며 통곡하니, 태조가 "이 사람을 죽이면 후세에 충성하는 선비가 없어진다" 하고 죽이려는 좌우를 제지하고 그를 급히 붙들어 내보냈다 한다.

조선조에서는 봉상시 소경(奉常寺少卿)이 되었으며, 개국 후 최초로 청백리(淸白吏)에 녹선(錄選)되었다. 태조 5년(1396) 개국공신 정희계(鄭熙啓)의 시호를 야박하게 지었다고 태조가 노엽게 여겨 축산(丑山)에 유배되고, 정종 2년(1400) 중승(中丞)을 거쳐 지보주사(知甫州事)가 되었다.

태종 11년(1411) 참지의정부사(參知議政府事)로 재직 중 정조사(正朝使)로 명나라에 다녀온 적이 있다. 후에 개성유후사 유후(開城留侯司留侯)를 거쳐 태종 18년 평양감사(平壤監司)를 역임했으며, 임기를 다하고 떠나올 때에 공의 짐짝을 눈 여겨 보았더니 평소에 탐독하던 서적 몇 권과 누더기 이불 몇 채가 나귀등에 매달려 가는 것을 보고 모두가 눈물을 흘렸다고 한다.

전북 장수(長水)의 용암서원(龍岩書院)과 남원(南原)의 호암서원(湖岩書院)에 제향되었으며 시호는 사간(思簡)이다. 1414년 태종이 내린 어필왕지(御筆王旨)를 전북 장수군의 어필각(御筆閣)에 소장하고 있다.

조선 태종(太宗)이 내린 왕지(王旨)

"왕지 안성 위가정대부 강원도 도관찰출척사 겸 감창 안집 전륜 권농 관학사 제조 형옥 병마공사자 영락 십이년 사월 이십이일[王旨 安省 爲嘉靖大夫 江原道都觀察黜陟史 兼 監倉 安集 轉輪 勸農 管學事 提調 刑獄 兵馬公事者 永樂 十二年 四月 二十二日]"

* 풀이: 안성(安省)을 가정대부(從二品階) 강원도 도관찰출척사(江原道都觀察黜陟史) 겸 창고의 물자를 안전하게 수송하는 일(監倉安集轉輸)과, 농업을 권장하고(勸農), 교육과 학교를 다스리며(管學事), 형벌을 다스리고(提調刑獄), 병마(兵馬)를 거느리는 공무를 행하는 자(兵馬公事者)로 임명함. 영락 12년(태종 14, 1414) 4월 22일

* 태종(太宗)이 사간공 안성을 강원도 도관찰출척사(江原道都觀察黜陟史)로 임명하면서 내린 왕지(王旨, 告身)이다. 이때 태종은 격려하는 뜻으로 "寡人治內 卿治外 使此萬民 皆得其所"(과인(寡人)은 내치(內治)를 맡고, 경(卿)은 외치(外治)를 맡으니, 이는 만민(萬民)이 제 자리를 얻도

록 함이라.)의 15자로 된 행서 글씨의 친필 문건을 하사했는데, 왕지와 함께 판각해서 영조 27년(1752)에 세운 어필각에 보존하고 있다. 전북 유형문화재 제143호.

죽서루 현판에 새겨진 사간공 안성의 한시

삼척 죽서루에 오르니 (登三陟竹西樓)
푸른 벼랑에 백 척 누각이 우뚝한데 (崍屼蒼崖百尺樓)
꽃이 피고지고 몇 해던가 (花開花落幾春秋)
삼천 무리는 풍운과 함께 흩어졌고 (三千徒與風雲散)
오십천 물은 세월과 함께 흐른다 (五十川同歲月流)
화각한 소리는 아침저녁 한이고 (畵角一聲朝暮恨)
안개 낀 만 리의 물결은 예나 지금이나 시름일세
(煙波萬里古今愁)
어찌하면 막중한 임금의 은혜를 갚고 (何當報了君恩重)
티끌 낀 갓을 벗고 갈매기와 짝하리 (高掛塵冠伴鷺鷗)

* 이 시는 사간공 임성이 태종 12년(1412) 강원도 관찰사로 재직할 당시 삼척부를 순시하고 죽서루(竹西樓)에 올라 지은 것으로 당시 삼척부사가 현판으로 걸었는데, 그 후에 잃어버린 것을 2008년 5월에 번역문을 같이 목판각하여 문중대표가 삼척시장과 함께 죽서루에 걸었다.

안극사(安克思)

세종 1년(1419) 서령공 안철산의 아들로 태어났다.

세종 25년(1443)에 음보(蔭補)로 충순위(忠順衛)에 등용되었고, 다음해에 진사시(進士試)가 폐지되자 한성갑자시(漢城甲子試)에 등과하여 의정부 도사(議政府都事)에 임명되었다. 단종 3년(1455)에 홍산현감(鴻山縣監)으로 부임하여 선정(善政)을 베풀었으며, 세조 10년(1465)에 통정대부(通政大夫)로 승진하여 공주목사(公州牧使)가 되었다. 세조 13년(1468)에 이조참판(吏曹參判)이 되어 진향사(進香使)로 명(明)나라 연경(燕京)을 다녀와서 예종 1년(1469)에 여주목사(驪州牧使)로 부임하였고, 성종 2년(1471)에 첨지중추부사(僉知中樞府事) 겸 오위장(五衛將)을 역임하였다. 성종 8년(1477)에 덕원부사(德原府使)로 외직에서 선정하다가 임지에서 순직하였다.

좌익원종 2등공신(左翼原從二等功臣)이다.

안몽득(安夢得)

공민왕 21년(1372)에 태어나서 문종 2년(1452)에 졸하였다.

문행이 높아 경덕재생(經德齋生)으로 선발되었으며, 조선 태종조에 생원(生員)으로 권농판사(勸農判事)에 등용되었다.

13세 때에 지은 헌수시(獻壽詩)가 유명하며, 함안(咸安) 봉산재(蓬山齋)의 안영사(按嶺祠)와 양산(梁山) 소계서원(蘇溪書院)에 배향(配享)되었다.

안완경(安完慶)

호는 정암(貞菴)이며, 관찰사 안처선(安處善)의 아들로 태어나서 세조 2년(1456)에 별세하였다.

세종 5년(1423)에 식년문과(式年文科)에 급제하고 사재감 직장(司宰監直長), 병조좌랑(兵曹佐郞), 종부시 소윤(宗簿寺小尹) 등을 거쳐 대사헌(大司憲)이 되었다. 그 뒤 세종 18년(1436) 집현전 직제학(集賢殿直提學)으로

서 문과 중시에 을과로 급제한 뒤, 우사간 대부(右司諫大夫), 병조참의(兵曹參議), 좌부승지(左部承旨) 등을 거쳐, 세종 32년(1450)에는 형조참판(刑曹參判)으로서 사은부사(謝恩副使), 주문사(奏聞使)로 두 차례 명나라에 다녀왔다. 1451년(문종 1)에 대사헌(大司憲)에 오르고 이듬해 주문사(奏聞使)로 다시 명나라에 다녀왔다. 이어 단종 1년(1453)에 충청도관찰사(忠淸道觀察使)가 되었으나 계유정난(癸酉靖難) 때 안평대군(安平大君)의 일파로 몰려 양산(梁山)에 유배되어 사사(賜死)되었다. 정조 15년(1791)에 왕명으로 직첩이 회복되고 장릉(莊陵)에 배향되었다.

안엄경(安淹慶)

호는 둔옹(遁翁), 삽포파(鈒浦派) 중조(中祖) 수(綏)의 6대손이고 청백리 안처선(安處善)의 아들이며, 그의 맏형 안여경(安余慶)은 지평감무(砥平監務), 경상관찰사(慶尙觀擦使), 이조참의(吏曺參議)를 지냈다.

태조 1년(1392)에 태어나서 세종조에 문과에 급제하여 관직에 나아갔다. 충주목사(忠州牧使), 호조참판(戶曹參判)을 역임하고, 태종 17년(1417) 감찰어사(監擦御使)로 있으면서 어사를 지낸 사람 19명과 총마계(總馬契)를 조직하고 그 서문을 지었다. 점필재 김종직(金宗直) 선생께서 총마계첩(總馬契帖)에 시 3수를 실었다. 문종 2년(1452) 단종 계유정란 때 그의 사위 홍달손(洪達孫)이 협찬하니 그를 몰래 불러 꾸짖고 고향으로 돌아와 두문불출하며 호를 둔옹(遁翁)이라 하고 화를 면하였다. 그의 동생 안완경(安完慶)은 충청도 관찰사로 쫓겨났다가 다시 양산에 유배되어 안평대군(安平大君) 용(瑢)과 더불어 적소(謫所)에서 죽음(賜死)을 당하였다. 그는 아들 안억수(安億壽)와 더불어 밀양 삽포(鈒浦 : 부북면 전사포리)로 옮겨 살면서 다시는 서울로 돌아가지 아니하였다.

점필재 김종직 그에게 읊어준 시가 전한다.

총마시(總馬詩)

남대(南始 : 어사대) 깊은 곳에 세월이 오랜데

서물 넘는 사람들이 안행(雁行) 같구나

곧게 뻗어남은 응당 고백(古栢)에 참여할 듯

간사함 물리침은 마침내 신양(神羊)에 부끄러움이 없네.

의분(義分)에 이그러짐이 없음은 그전부터 알았지만

시정(詩情)에 격앙됨을 몇번 봉착했던가

날마다 함께 웃는 것도 참 즐거운 일인데

뒷날의 성쇠시(盛衰時)에도 서로 잊지 말게나 둔옹

안 현(安 峴)

태종조에 문과에 급제하여 벼슬이 통훈대부(通訓大夫) 이조좌랑(吏曹佐郎)에 올랐으나 후에 벼슬을 버리고 임천(林泉)에 은거(隱居)하였다.

안철손(安哲孫)

조선 초에 관찰사(觀察使)를 역임하였다.

안팽명(安彭命)

자는 덕보(德甫)이며, 호는 빙애(氷厓)로 아버지는 사헌부 감찰 안종생(安從生)이며 어머니는 이조정랑 배소(裵素)의 딸이다. 세종 29년(1447)에 태어나서 성종 23년(1492)에 별세하였다.

세조 14년(1469)에 사마시(司馬試)로 진사가 된 뒤, 성종 2년(1471)에 식년문과(式年文科)에 병과로 급제하였다. 형조정랑(刑曹正郞), 장령(掌令) 등을 거쳐 대사간(大司諫)에 이르렀으며, 성종 23년(1492) 예빈시 부정(禮賓寺副正)으로 왕명에 따라 평해(平海)를 다녀오다가 강릉(江陵)에서 병사하였다. 청백리에 녹선(清白吏 錄選)되었다.

성품이 강직하고 청렴하였을 뿐 아니라 쟁신의 풍도[諍臣之風]가 있었다고 한다.

조산대부 성균관 사성 안군 묘갈명 병서(朝散大夫成均館司成安君墓碣銘幷序)

홍치(弘治) 6년 봄에 홍문관 응교(弘文館應教) 표소유(表少遊)가 나에게 와서 울며 말하기를, "나의 동년(同年) 안군이 거년 가을에 명령을 받들고 평해(平海)로 성을 쌓으러 가면서 강릉(江陵)에 들려 밤에 잤는데 새벽에 보니 죽었다. 그래서 그 아들이 운상(運喪)하고 돌아와 그해 10월 2일에 광주(廣州) 도척촌(都尺村)에 장사하였다. 아, 그 사람은 이미 저승으로 갔지만, 그 평생의 행적은 신체와 함께 묻혀 없어지지 않을 것이 있으니, 장차 글월에 의탁하여 영구히 전하도록 하자면 공이 아니고 누가 하겠는가."하므로 나는 몸을 바로하고 탄식하여 말하기를, "안(安)은 나의 친구다. 옛날에 내가 예문관(藝文館)에 있을 때에 안은 한림(翰林)으로 있었고, 안이 형부(刑部)의 낭관(郎官)으로 있을 때에 나는 참판(叅判)으로 있었고, 내가 국자좨주(國子祭酒)가 되었을 때에 안은 사성(司成)으로 있었으니 안은 나의 친구라, 그 사람을 알기를 나보다 더할 자가 없으니, 마땅히 그 글월을 받자면 나에게 올 수 밖에 없다."하였다.

생각하건대, 군의 휘(諱)는 팽명(彭命)이며, 자는 덕보(德甫)요, 광릉(廣陵) 사람이다. 판전농시사(判典農寺事) 휘(諱) 기(器)는 그 증조요, 개성부 유후(開城府留後) 휘 성(省)은 그 조부요, 사헌부 감찰(司憲府監察) 휘 종생(從

生)은 그 아버지다. 이조정랑(吏曹正郎) 배소(裵素)의 딸에게 장가들어 정통(正統) 정묘년 3월 모일에 군을 낳았는데, 지금까지 겨우 46세를 살았으니 어찌 그리 명이 짧았던가.

군은 젊어서 아버지를 여의고 17세에 비로소 글 읽기를 알아서 22세에 진사과에 합격하고, 또 3년 후에 문과에 뽑혔으니 어찌 그리 성공이 빨랐는가. 처음 군이 근궁(芹宮 : 태학)관에 있을 때에 무당이 내지(內旨)라 칭탁하고 반수(泮水) 안에서 기도를 드리니, 제생이 다 분히 여겼으나 견책을 받을까 두려워하여 말하는 자가 없었는데, 군은 유독 분연히 나서서 쫓아버렸으니 그 기개가 그러하였다. 관에 들어가자 대성(臺省)과 낭관(郎官)에 출입하여 가는 곳마다 명성이 있었다. 형부(刑部)에 있을 적에 옥사(獄事)를 판결하게 되면 항상 공평을 힘썼다. 때마침 죄수가 있었는데 법으로 따지면 죽일 수 없는데 옥사가 성립되었음을 보았다. 그런데도 판서가 엄하여 여러 낭관(郎官)이 감히 논박하지 못하였는데 군이 홀로 그와 더불어 항쟁하여 말이 심히 분명하니 판서가 납득하여 그 죄수가 죽지 않게 되었다. 당시에 군을 힘입어 온전하게 살아나간 자가 많았으나, 정(情)으로도 법에 용서될 수 없는 것은 고집하여 조금도 굴복하는 일이 없었다.

봉상시 첨정(奉常寺僉正)이 되자 적전(籍田)을 관장하여 무릇 제향을 받듦에 있어서 반드시 몸을 씻고 친히 봉하여 올렸다. 일찍이 시어사(侍御史)가 되어 하루는 영돈녕(領敦寧) 윤호(尹壕)와 더불어 경연(經筵)에 들어갔다가 물러나와 밥을 먹는데, 윤이 군의 이름을 마구 부르니 군이 응답하지 않고 합문(閤門)에 나아가 장계를 올리기를, "신이 윤(尹)과 더불어 같은 해에 과거에 합격하여 본시 서로 친하였습니다. 그러나 신은 대관(臺官)이온데 공중 좌석에서 호명(呼名)까지 하니, 이는 신의 명망이 본시 경하여 남에게 업신여김을 받는 때문이오니 그 혐의를 피하고 싶사옵니다."하니 듣는 자가 놀랐다. 무릇 관직에 당하면 거리낌 없이 말을 하여 권세를 피하지 않는 것이 대개 이러하였다. 군이 기품이 단정하고 학식이 정(精)하며, 또 능히 몸을 법도로써 다스리고 일에 임하면 조심성이 있으니 친구들이 사랑하고 공경하였다.

성질이 청렴하고 겸손하며, 평생에 소개를 빙자하여 공경(公卿)을 뵙지 아니하였고, 또한 가인(家人)을 위해 산업(産業)을 일삼지 아니하니 집안에는 언제나 저축된 것이 없었다. 광주(廣州)에 별장을 두고 항상 돌아가 늙을 계획을 하며 사람들에게 말하기를, "사람이 늙으면 뜻이 쇠하는 법인데, 염치없이 관직에 있어 사람에게 기롱을 받는 것은 내가 심히 두려워하는 일이다."하였다.

사람의 궁핍(窮乏)한 것을 보면 힘이 닿는 데까지 반드시 구원하고, 친척이 문에 당도하면 멀고 가깝고 귀하고 천하고를 막론하고 한결같이 성의로써 대접하며, 사람 착한 것을 보면 자신의 일같이 좋아하였고, 사람의 허물과 악을 들을 때에는 얼굴을 찡그리고 입에 쓴 것을 머금은 것 같았으니, 그 좋아하고 미워함이 이와 같았다. 아, 누가 군이 이에 끝장을 짓고 말 줄을 알았겠는가.

군은 현감(縣監) 홍계강(洪係江)의 딸에게 장가들어 2남 4녀를 낳아서, 맏딸은 생원(生員) 이자(李滋)에게 출가하고, 다음은 종친(宗親) 학성수(鶴城守) 이무에게 출가하고, 맏아들은 경순(景純)이요, 나머지 자녀는 어리다. 명(銘)에 이르기를,

하늘이 사람에게 재덕(才德)은 줄 수 있지만
그 몸에 수록(壽祿)은 주지 못하며
땅이 그 체백(體魄)은 감추지만
그 정신을 없앨 수는 없네
선생이 비록 죽었지만
죽지 않은 것이 있으니
광릉(廣陵)의 터전과

도척(都尺)의 마을에
이상한 빛이 떠 있으니
곧 선생의 언덕이로세.

(홍귀달, 속동문선 제20권 墓誌)

안순재(安順才)

세종조에 벼슬이 상장(上將)에 이르렀다.

안경우(安景祐)

자는 태유(太裕), 호는 호산(湖山)이며, 사헌 감찰(司憲監察)을 지낸 안종생(安從生)의 손자이고 안팽명(安彭命)의 아들로 태어나서 명종 3년(1548)에 별세하였다.

벼슬은 성주판관(星州判官)을 지냈으며, 중종 14년(1519) 성주판관 재직 중에 조광조(趙光祖)의 일파로 지목되어 화를 입었다. 중종『을묘사화록(乙卯士禍錄)』에 등재되었다.

안억수(安億壽)

세종 9년(1427)에 태어났다.

세종 32년(1441)에 문과에 급제하고 예안현감(禮安縣監)을 지냈는데 숙부인 대사헌(大司憲) 안완경(安完慶)이 순절하자 현감직을 버리고 밀양(密陽)으로 은거(隱居)하였다. 청렴록(淸廉錄)에 이르기를, 그가 예안현감(禮安縣監)으로 재임시 그 지방에 거목장(椐木杖)이 명물이었는데, 모인(某人)이 거목장(椐木杖)을 선물함에 애용하다가 사임할 적에 이르러 "이 물건도 이 땅의 물건이니 내 어찌 가져 가리요" 하면서 주위의 간곡한 권유에도 불구하고 버리고 왔다 한다.

안 절(安 節)

자는 정수(靖叟)이며, 호 묵용당(默容堂)으로 세종 2년(1420)에 태어났다.

세종 29년(1447)에 사마(司馬)하고 세조 1년(1456)에 사헌부 감찰(司憲府監察)을 지냈으며, 성종 3년(1472)

에 문과(文科)에 급제(及第)하여 홍문관 직제학 지제교(弘文館直提學知製敎)와 대사성(大司成), 대사헌(大司憲)을 거쳤다. 이조참판 겸 동지성균관사(吏曹參判兼同知成均館事)에 오르고 세자시강원 부빈객(世子侍講院副賓客)을 역임하였다.

안숙인(安淑仁)

호는 수방재(守防齋)이며, 세조 13년(1467)에 태어나서 중종 5년(1510)에 별세하였다.

성종조에 진사가 되어 홍문관 응교(弘文館應敎)로서 삼포왜란(三浦倭亂) 평정(平定)에 출사(出仕)하였다가 순절(殉節)하였다. 병조참의(兵曹參議)에 증식(贈職)되었다.

안필성(安弼聖)

자는 성지(成之)이며, 호 졸한자(拙閒子)로 중종 16년(1521)에 태어나서 선조 18년(1585)에 별세하였다.

명종조에 진사(進士)로 경릉참봉(敬陵參奉)에 제수되었으나 부친 안숙인(安淑仁)이 순절하자 표연히 벼슬을 버리고 서산(瑞山) 송덕(松德)에 아정(雅亭)을 짓고 자적하다가 졸하니 통정대부(通政大夫) 승정원 좌승지(承政院左承旨)에 추증되었다.

안윤손(安潤孫)

자는 홍조(弘祖)이며, 세종 32년(1450)에 현감 안극변(安克辨)의 아들로 태어나서 중종 15년(1520)에 별세하였다.

성종 5년(1474) 생원과 진사시에 잇달아 합격하고 성종 7년(1476) 별시문과에 을과로 급제하여 기사관이 되어 한명회(韓明澮)가 남효온(南孝溫) 등 재야사림을 비방 탄핵하려 하자 이를 변호하였으며, 이듬해에는 전경(典經)이 되어 수렵의 폐단과 언로를 넓힐 것을 주장하였다.

성종 13년(1482) 검토관(檢討官)으로 경연에 참여하면서 내수사 장리(長利)의 혁파를 건의하였다. 이듬해 홍문관 부교리(弘文館副敎理)가 되어 왕명을 받고 궐군(闕軍)을 적발하였고, 곧이어 전주에 내려가서 수령의 불법행위와 교육 현황을 조사하여 감독하고 왔다. 성종 15년(1484) 지평(持平)이 되어서는 안주판관 이빈(李濱)의 비행을 고발하여 처벌하였고 충청도관찰사 이공(李拱)이 무능하다고 탄핵하여 체직시켰다. 그 뒤 사헌부 장령(司憲府掌令)이 되어 언론의 창달과 기강확립에 힘쓴 뒤 성종 25년(1494) 회령통판이 되어 선정을 베풀어 칭송을 받았다.

연산군 6년(1500년) 전라우도 수군절도사(全羅右道水軍節度使)가 되었으나, 때마침 침입해온 왜구를 막시 못하였다고 하여 파직되었다. 그 뒤 곧 복직되어 사간원 대사간(司諫院大司諫)을 지내고 이듬해 형조참의(刑曹參議)가 되었는데 청백리(淸白吏)로 이름났다. 중종반정 이후 한성부 우윤(漢城府右尹)과 좌윤(左尹)을 지내고 중종 2년(1507) 사헌부 대사헌(司憲府大司憲)에 이르렀다.

그 뒤 함경북도절도사, 한성부 좌윤(漢城府左尹)을 역임하고, 중종 7년(1512) 형조참판(刑曹參判)이 되었으나 아들 안자문(安子文)의 부정으로 인하여 파직되었다.

호당공 휘 안윤손 묘도비명

공의 성은 안(安)이요 휘는 윤손(潤孫)이다. 자(字)는 홍조(弘祖)이며 광주인(廣州人) 고려대장군 휘 방걸(邦傑)로부터 22대이다. 증조의 휘는 성(省) 좌참찬으로 증시(贈諡) 사간공(思簡公)이며 청백리의 첫머리이다. 조부는 사섬서령 휘 철산(鐵山)으로 증(贈) 이조참의이다. 고(考)는 용안현감 휘 극변(克辨)이니 증 호조참판 겸 동지의금부사이다. 비(妣) 정부인 진양김씨(晋陽金氏)는 성균관 사성 최(最)의 딸이다.

공은 경태(景泰) 경오(1450)에 나셔서 열 살에 부친을 여의고 뜻을 굳혀 밤새워 면학하니 어머님이 애처로워 말리자 눈물로 애소하며 불철주야 노력하여 약관에 생원, 진사, 문과의 삼시(三試)를 연달아 통과하였다. 병신년(1476) 별시문과에서 을과(乙科) 삼인(三人)으로 급제하여 승문원정자 예문관검열겸경연전경 춘추관기사관 홍문관정자가 되고, 승진하여 저작박사, 수찬, 부교리, 지제교를 제수 받았다. 신진소년으로 승문원에 들자 곧바로 훈구세력 임사홍의 간교함을 논박하여 귀양 보내니 당시 사림이 우러러 보았다. 이후 사헌부 지평, 병조정랑이 되었다. 병오(1486)에 북방 변경이 피폐하고 거칠어 특별히 공을 회령판관으로 보내니 삭방에 문관 출신이 수령이 된 것은 공이 처음으로 다스림이 청렴 간결하여 백성과 야인이 두루 평화로웠다. 오랑캐가 사람과 가축을 약탈해가자 성밑 야인(野人)이 스스로 추격하여 쇄환(刷還)시켰을 정도로 공을 애모하였다. 이후 조봉대부 군기시 첨정, 사헌부 장령과 성균관 사예가 되었다. 서북지방 정벌에는 정서도원수 이극균(李克均)의 종사관으로 공을 세웠다.

임자(1492)에 암행어사가 되어 금산군수를 엄히 다스리고 대민정책을 관대히 하였다. 무오(1498)에 종부시 첨정, 사복시 부정으로 승진하고, 기미(1499)에 문관이면서 뛰어난 무재(武才)로 절충장군에 발탁되어 전라우도 수군절도사가 되었다. 신유(1501)에 첨지중추부사겸내금위장이 되고 사간원 대사간에 제수되었으며 정조사(正朝使) 후 홍문관 부제학, 형조참의가 되었다. 모친의 삼년상을 지낸 후 첨지중추부사 가선대부에 이어 성균관 대사성이 되고 다시 정조사로 명(明)에 다녀온 후 병인(1506)에 황해도관찰사가 되었다. 정묘(1507)에 한성좌윤을 거쳐 사헌부 대사헌이 되고, 기사(1509)에 강원도관찰사를 지내며 문풍(文風)을 일으켜 율곡(栗谷) 등의 대학자들을 배출하였다. 이후 동지중추부사겸도총부부총관, 형조참판을 지냈다. 경오(1520)에 동지성균관사로 자택에서 돌아가시니 향년 71세였다.

평생 청렴하고 간소함을 지켜 산업을 경영하지 않았으며 성품 또한 지극히 효성스러웠다. 배 정부인 순천김씨(順天金氏)는 평양부원군 승주(承霔)의 증손이며 선공감정 원석(元石)의 딸이다. 부도(婦道)를 두루 갖춘 규문(閨門)의 숙목(肅穆)으로 수(壽) 81세로 임종하였다. 아들딸 각 세 명을 두었는데 장남 자흠(子欽)은 제검으로 첨정 신순정(辛舜鼎)의 딸을 취(娶)하여 생(生) 7남하니 사언(士彦)은 을유 문과에 공조참의요, 사웅(士雄)은 증광문과에 병조참의이다. 사영(士英)은 생원, 사준(士俊)은 생진 양시하였으며, 사호(士豪), 사걸(士傑), 사빈(士斌)도 모두 생원 진사에 입격하여 칠형제 팔급제(七兄弟八及第)의 영광을 안았다. 차남 자명(子明)은 부사직으로 호군 홍여즙(洪汝楫)의 딸을 취(娶)하여 생(生) 1녀 하였다. 삼남 자문(子文)은 진사로 군수 윤백순(尹伯淳)의 딸을 취(娶)하여 생(生) 3남이니 사정(士挺), 사탁(士擢), 사진(士振)

이다. 여(女)는 문과 장악원정 권성(權晟), 문과 전적 이문창(李文昌), 찰방 윤내신(尹來莘)이다. 이후 문과 공조참의 세징(世徵), 부평부사 상즙(商楫), 한성서윤 홍적(弘迪), 문과 능주목사 묵지(默智), 문과 지평 응노(應老), 정사일등공신 응조(應祖), 정란공신 예지(睿智), 문과중시 교리 대진(大進), 문과 대사간 효술(孝述) 등이 모두 공의 후손이다. 그 외에도 후손으로 관복 입은 자 조정에 넘쳐나고 학문으로 진취한 자 헤아릴 수 없어 다 기록하지 못하니, 이 모든 것이 공의 덕망과 신의로운 뒤가 아니고 무엇이겠는가. 손자(孫子) 사준(士俊)이 서(書)한 양곡(暘谷) 소세양(蘇世讓)의 찬명(撰銘)에 이른다.

태산의 정기(精氣) 내림이여, 일국(一國)의 영걸(英傑)이여. 일찍이 명성(名聲)을 날리고 배움의 길 멀다 않으니 학문(學問)도 재능(才能) 못지않아 시험(試驗)에 이른 문장(文章)은 빛나고도 뛰어났노라. 임금과 밤늦게 독대(獨對)하는 간신(奸臣)을 남의 손 빌림 없이 곧바로 기록하여 궁중에서 내쫓고, 염파(廉頗)와 이목(李牧)처럼 나아가 남북(南北)을 어루만지니 백성(百姓)과 오랑캐가 즐거이 복종(服從)하여 아경(亞卿)을 제수(除授)받으셨도다. 칠십(七十)의 수(壽)는 하늘이 내린 후덕(厚德)이며, 눈에 가득한 자손(子孫)은 옥수(玉樹)와 난초(蘭草)같이

향기로우니 격식(格式)높은 가문(家門)이로다. 감천(甘泉)은 실로 역사(歷史) 유구(悠久)한 곳이라, 초목(草木)이 무성(茂盛)하여 이수(螭首)를 가려도 덕(德)은 밝게 빛나니, 지나는 자(者) 절로 공경심(恭敬心)이 일어 다시 돌아보리라.

안윤덕(安潤德)

자(字) 선경(善卿)이며, 시호(諡號) 익헌(翼憲)이다. 사헌 감찰(司憲監察)을 지낸 안종생(安從生)의 손자이고, 안동 판관(安東判官)을 역임한 안팽로(安彭老)의 아들로 세조 3년(1457)에 태어나서 중종 30년(1535)에 별세하였다.

성종 8년(1477) 생원시를 거쳐 성종 14년(1483) 식년 문과에 병과로 급제하여 승문원 부정자(承文院副正字)가 되었다. 그 뒤 성균관 학유(學諭)·박사(博士)가 되고, 성종 18년(1487)부터 종부시 주부(宗簿寺注簿), 정언(正言), 호조좌랑(戶曹佐郞)과 병조좌랑(兵曹佐郞), 지평(持平), 형조정랑(刑曹正郞)을 두루 역임하였다.

연산 3년(1497) 문과 중시에 병과(丙科)로 급제하였고, 사인(舍人), 지제교 겸사관(知製敎兼史官)이 되고, 이듬해 사간(司諫), 연산 5년(1499) 직제학(直提學), 연산 6년(1500) 승정원에 들어가 동부승지(同副承旨)가 되고 누천(累遷)하여 도승지(都承旨)에 올랐다. 연산 8년(1502) 경상도와 경기도의 관찰사(觀察使)를 거쳐 형조참판(刑曹參判)이 되고, 이듬해 예조참판(禮曹參判)이 되어 성절사로 명나라에 다녀왔다. 이후 갑자사화(甲子士禍)에 연루되어 김제에 유배되었다가 중종 1년(1506) 중종반정 후 형조참판(刑曹參判), 병조 참판(兵曹參判)을 거쳐 한성부 좌윤(漢城府左尹)이 되어 약 5개월 동안 봉직하고, 이듬해에 다시 형조와 병조의 참판(參判)을 지냈다.

중종 5년(1510) 삼포왜란이 일어나자 장재(將才)가 있다 하여 지중추부사(知中樞府事)에 올라 경상도 도순찰사 겸 부원수(副元帥)가 되어 이를 토평하는데 공을 세우고, 그해 9월에 한성부 판윤이 되어 20개월 이상 있었다. 그 뒤 형조판서를 거쳐 중종 10년(1515) 평안도 관찰사(平安道觀察使)로 나가 단군(檀君)과 기자(箕子)의 사당을 수축하여 유풍(儒風)을 크게 떨쳤다.

한때 병으로 사직하였다가 중종 14년(1519) 공조판서

(工曹判書)에 오르고, 중종 21년(1526) 기로소(耆老所)에 들어갔다가 다음해 의정부 좌참찬(議政府左參贊)에 올랐다. 시호는 익헌(翼憲)이다.

안여거(安汝居)

호는 졸암이며, 성종조에 생원(生員)을 지냈다. 문장(文章)과 의리(義理)가 뛰어나 세상에 이름이 높았다.

안여경(安汝敬)

중종 18년(1523)에 태어나서 선조 18년(1585)에 별세하였다.

여주목사(驪州牧使)와 광주진관 병마동첨절제사(廣州鎭管兵馬同僉節制使)를 지내고, 뒤에 자헌대부(資憲大夫) 의정부좌참찬 겸 지의금부사(議政府左參贊 兼知義禁府事)를 지냈다. 순충적덕보조공신(純忠積德補祚功臣)에 추증되고 광계군(廣溪君)에 봉해졌다.

안용지(安勇智)

성종 11년(1480)에 문과(文科)에 급제(及第)하여 청하현감(淸河縣監), 순천 도호부사(順天都護府使)를 역임하였다. 정치청평(政治淸平)하니 백성이 칭송(稱頌)하여 "청하만경 읍공심청(淸河萬頃挹公心淸)"이라 노래하였다.

안 구(安 覯)

자는 사중(思仲)이며, 호는 태만(苔巒)이다. 진사 보문(普文)의 아들로 세조 4년(1458)에 태어나서 중종 17년(1522)에 별세하였다.

점필재(佔畢齋) 김종직(金宗直)의 문하생으로 성종 25년(1494) 별시 문과에서 병과(丙科)로 급제하였다.

연산군 11년(1505)에 예조정랑에 입사(入仕)한 뒤, 중종 초년에는 청도군수로 전임되어 명성을 떨쳤다. 중종 2년(1507) 군수로서 백성을 잘 보살피고 선정을 베푼 공로가 인정되어 감사의 천거에 따라 왕의 포상을 받았다. 그 뒤 사간(司諫)과 남원부사(南原府使)를 역임하였는데, 선정을 베풀어 백성들이 비(碑)를 세우고 칭송했다고 한다. 청백리(淸白吏)에 기록되어 있다.

안 증(安 嶒)

자는 사겸(士謙), 호는 완귀(玩龜)이며, 성종 25년(1494)에 안구(安覯)의 아들로 태어나서 명종 8년(1553)에 별세하였다.

그는 처음부터 벼슬에는 뜻이 없고 학문에만 심취하여 성리학의 이론을 깊이 터득하였다. 후일에는 성리학의 이론이 실제 생활과는 유리되는 점이 많음을 지적하고 실용사상에 심취하였다.

명종 3년(1548)에 별시 병과로 급제하여 시강원(侍講院) 사서설서(司書說書)를 역임하였다. 인종이 승하하자 모든 백성의 반상에 관계없이 엄격한 평등을 지향하는 민본사상을 주창한 그의 이상은 무산되었으며 또한 을사사화로 많은 사람들이 죽어가는 현장을 목격하고 스스로 관직에서 물러나 평소 보아둔 영천으로 내려와 평생을 학문에만 전념하였다. 전원에 물러나 정자(亭子)를 짓고 학문에 전념하니, 남명(南冥) 조식(曺植)이 이 정자(亭子)를 찾아와 그의 위상(偉像)과 학덕(學德)을 찬양하여 "불급운문 만장기(不及雲門萬丈奇)"라는 시를 남겼다. 이 시에 따라 아계(鵝溪) 이산해(李山海)도 "욕거남여 나이득(欲擧藍輿那易得)"이라고 시를 지었다. 또한 신재(愼齋) 주세붕(周世鵬), 신독재(愼篤齋) 김집(金集)과 돈독한 도의지교(道義之交)가 있었다.

호연사(虎淵祠)에 배향되었다.

안덕평(安德平) · 안덕창(安德昌)

이 두 형제는 성품이 지극한 효성으로 가친을 봉양하였으며, 가친이 위급한 병세로 촌각을 다투자 두 형제가 연달아 지혈(指血)을 짜서 드리니 생명이 3일을 더 회생하였다.

장사지내던 날 폭우로 개울물이 불어 강을 건널 수 없자 하늘을 보고 통곡하니 홀연히 수분하여 장사를 마칠

수 있었다 전한다. 시묘살이 3년에 두 호랑이가 두 효자를 호위하였다. 세상 사람들이 이 형제를 일러 '쌍효자'라 하였으며, 장수군지 도덕편에 실려 있다.

안 담(安 曇)

안중선의 아들이다. 중종조에 효행으로 천거(薦擧)되어 참봉(參奉)이 되고, 뒤에 성현도 찰방(省峴道察訪)을 지냈다. 글씨가 뛰어났으며, 이조참판(吏曹參判)에 추증되었다.

안 용(安 容)

자는 사묵(士默)이며, 호(號) 송파(松坡)로 중종 17년(1522)에 태어나서 선조 19년(1586)에 별세하였다.

명종 13년(1558)에 식년시 병과로 급제하여 영남어사(嶺南御使)와 승정원 동부승지(承政院同副承旨), 황해감사(黃海監司), 호조참판(戶曹參判), 안동부사(安東府使)를 두루 역임하고, 선조 18년(1585)에 성절사(聖節使)

로 명나라에 다녀왔다.

안 우(安 宇)

호는 계산(戒山)이며, 연산 4년(1498)에 태어나서 명종 5년(1550)에 별세하였다.

중종 19년(1524)에 문과별시(文科別試)에 장원급제(壯元及第)하여 홍문관 수찬(弘文館修撰), 춘추관 편수관(春秋館編修官)을 역임하였다. 을사사화(乙巳士禍) 때 권신(權臣)의 유혹을 거절하여 환향(還鄕)하였는데, 신재(愼齋) 주세붕(周世鵬)이 소(疏)를 올려 권했으나 출사하지 아니하였다.

양산(梁山) 소계서원(蘇溪書院)에 배향(配享)되었다.

안 주(安 宙)

호는 치암(恥庵)으로 연산 6년(1500)에 태어나서 선조 2년(1569)에 별세하였다.

중종 28년(1533)에 식년을과(式年乙科)에 장원(壯元)

하여 호조정랑(戶曹正郞)을 비롯하여 청도군수(淸道郡守), 밀양부사(密陽府使), 홍문관 부교리(弘文館副校理), 제용감 정(濟用監正) 등을 지냈다. 을사사화(乙巳士禍) 때 권신(權臣)의 횡행(橫行)을 피해 관직을 버리고 환향(還鄕)하였다.

양산(梁山) 소계서원(蘇溪書院)에 배향(配享)되었다.

안 택(安 宅)

자 태거(太居)이며, 호 광능자(廣陵子)로 명종 15년(1560)에 별세하였다.

중종 35년(1540)에 성균관 생원(成均館生員)을 하고, 벼슬은 도사(都事)를 지냈다. 함안팔현(咸安八賢)의 한 사람으로 함안(咸安) 여양서원(廬陽書院)에 배향(配享)되었다.

안 의(安 義)

문과에 급제하여 정언(正言)에 제수되었고, 강서현령

을 역임할 당시 청렴하고 공평하게 다스리니 백성들이 송덕비를 세워 기렸다.

안사웅(安士雄)

명종 1년(1546)에 증광시 문과에 급제하여 정언(正言)과 지평(持平)을 거쳐 좌승지(左承旨), 병조참의(兵曹參議)에 이르렀다. 고관을 지냈음에도 선조인 청백리(淸白吏) 안성(安省)과 안윤손(安潤孫)의 정신을 이어받아 청렴하였으므로 선조가 특별히 낙산(駱山) 아래에 집을 내렸다 전한다. 그 집이 세칭 삼청동 안가(安家)이다.

안민학(安敏學)

자는 습지(習之)라고 하였다가 이습(而習)으로 고쳤으며, 호는 풍애(楓崖)이다. 찰방 안담(安曇)의 아들로 중종 37년(1542) 한성에서 태어나서 선조 34년(1601)에 별세하였다.

글씨가 뛰어났던 아버지의 영향을 받아 어려서부터 재질이 뛰어나 9세 때 『소학(小學)』과 『효경(孝經)』 등을 읽기 시작하여 20세 전후하여 『심경(心經)』, 『근사록(近思錄)』 등 성리학 서적에 접하였다고 한다. 과거에 뜻을 두지 않고 경(經) · 사(史) · 백가(百家)를 널리 섭렵하였으며, 25세에 박순(朴淳)에게 나아가 사제관계를 맺은 뒤 이이(李珥), 정철(鄭澈), 이지함(李之菡), 성혼(成渾), 고경명(高敬命) 등과 교유하였다.

명종 16년(1561)에 20세의 나이로 이미 학행(學行)이 뛰어나므로 천거를 받아 원릉참봉(元陵參奉)에 임명되었으나 나아가지 않았고, 선조 13년(1580)에 율곡 이이의 추천으로 희릉참봉(禧陵參奉)이 되었다. 선조 16년(1583)에 사헌부 감찰(司憲府監察)이 된 뒤, 관례에 따라 외직으로 나아가 대흥(大興), 아산, 현풍, 태인 등지의 현감(縣監)을 두루 거치고, 전주의 별서(別墅)에 우거하던 중 임진왜란을 만나 소모사(召募使)로 임명되었다.

소모사로서 그는 전라도 광주를 중심으로 군량 수천

석, 전마(戰馬) 수백 필, 정예군사 수천 인을 모아 북상하여 아산에 이르렀으나 병을 얻어 나아가지 못하자 조정에서는 그 병력과 군량을 체찰사 유성룡(柳成龍)에게 돌리게 하였다. 이 공로로 나중에 사도시 첨정(司䆃寺僉正)에 제수되었으나 노병으로 받지 아니하고 홍주의 신평(新平)에 돌아가서 인사를 끊고 지내던 중 60세로 세상을 떠났다. 이조참의(吏曹參議)에 추증되었다.

그의 학문은 대체로 율곡 이이 계열에 속하며 필법도 뛰어났는데, 저서로 『풍애집(楓崖集)』이 있다. 먼저 세상을 떠난 아내에 대한 애도문이 남아 있다.

안여경(安餘慶)

자는 선계(善繼), 호는 옥천(玉川)이며, 아버지는 하양훈도(河陽訓導) 응운(應雲), 어머니는 경원판관 이세복(李世福)의 딸 양성이씨(陽城李氏)이다. 중종 33년(1538)에 태어나서 선조 25년(1592)에 별세하였다.

선조 3년(1570) 사마시에 합격하였으나 벼슬을 단념하고 고향에 돌아와서 은거하였다. 중용, 대학, 심경, 예기 등의 글을 읽어 자신을 닦고 남을 다스리는 근본으로 삼았다.

선조 13년(1580)에 정구(鄭逑)가 창녕군수가 되어 학교를 크게 진흥하여 여덟 채의 서당을 세웠는데, 그 첫째인 물계서당(勿溪書堂)에 안여경으로 강장(講長)을 삼았다. 또한 김우옹(金宇顒)이 이조판서가 되어 그를 추천하였으나 응하지 않고, 옥천산(玉川山)에 들어가서 정사를 짓고 스스로 옥천주인이라 불렀다.

저서는 많았으나 임진년과 병자년의 난리에 불타서 없어지고 『옥천유고』 단권만이 남아 있다. 창녕의 관산사원(冠山書院) 별사(別祠)에 제향되었다.

안윤조(安胤祖)

호는 모렴당(慕濂堂)이며, 만호(萬戶) 안여효(安汝孝)의 맏아들인 생원 안인(安忍)의 둘째 아들로 백부인 안헌(安憲)에 계자(系子)로 입적되었으며 단일파인 모렴당공파의 파조(派祖)이다.

증조부인 현감 안억수는 수양대군 일파가 계유정난 이후 안평대군외 48인을 역모로 몰아 사사하고 멸문할 때, 숙부인 정암(貞庵) 안완경(安完慶)이 귀양처인 양산에서 화를 당하는 것을 보고, 문과 합격후의 관직인 예안현감을 사직하고 경남 함안으로 돌아왔다. 그러나 부친인 호조참판 안엄경(安俺慶)이 이미 관직을 사퇴하고 호를 둔옹(遁翁)이라 칭하며 은둔하여 있었으므로 자신은 처가가 있는 밀양으로 입향하여 부북면 사포리에 정착하였다. 그리고 세조의 감시와 역모고변을 경계하여 평생을 삼랑진 만어사와 밀양 농암 간을 소요하며 지냈고 점필재 김종직 선생과 교우하였으며, 또 자손들에게도 벼슬길에 오르지 말기를 경계하였다.

그는 조선 중종조에서 명종조의 학자로 덕성이 아담하고 유문행(有文行)하여 읊은 시가 밀양읍지에 기재되었으며, 향당(鄉黨)의 거듭된 추천으로 향안(鄉案)에 입록되었다.

안 신(安 迅)

자는 대지(待之), 호는 오휴당(五休堂)이다. 참판에 추증된 안광소(安光紹)의 아들로 선조 2년(1569)에 태어나서 인조 26년(1648)에 별세하였다.

처음에 안여경(安餘慶)에게 글을 배우다가 뒤에 장현광(張顯光)을 사사하였으며, 한강(寒岡) 정구(鄭逑)의 문인으로 역학(易學)과 예학(禮學)에 능통하였다. 선조 25년(1592) 왜란이 일어나자 남병사 김시민(金時敏)의 진중에 들어가 많은 공을 세웠다. 그 공으로 군기시 부정(軍器寺副正)에 임명되었으나 부임하지 않았다. 경전을 연구하고 특히 심경과 소학을 좋아하였는데, 서당이 전란으로 파괴되어 학생들이 배울 곳이 없자 동지를 규합하여 서당을 지어 학생들에게 교육을 권장하였고, 향사당(鄕射堂)을 짓고 조약을 만들어 권학하는 규칙을 세웠다.

『주자가례』에 우리나라 선현의 논설을 첨가하여 『가례부췌(家禮部贅)』 6권을 편찬하고, 『오현전(五賢傳)』

1권과 우리나라의 말과 중국의 한자말에 대한 연구서『자해(字解)』2권을 지어 선비들의 학문에 자료가 되도록 하였다. 선비들의 분경을 싫어하여 그것이 이단보다 더 큰 피해가 된다고 역설하였고 평생 동안 권귀의 문전에 발을 들여놓지 않았다.

저서로는『오휴당집』2권이 있다.

안 진(安 軫)

자는 경숙(敬叔)이며, 명종 15년(1560)에 태어나서 인조 13년(1635)에 별세하였다.

평소에 학문에 치중하여 덕망이 높았다. 임진왜란(壬辰倭亂)이 일어나자 초유사(招諭使) 김성일(金誠一)을 도와 종군하였으며, 선조 27년(1594)에 무과에 급제하여 훈련원 봉사(訓練院奉事)·주부(主簿)를 역임하고 부호군(副護軍)에 올랐다. 선무원종공신 3등(宣武原從功臣三等)에 녹훈되었다.

안 황(安 滉)

자는 경호(景浩)이며, 중종 18년(1523)에 태어나서 선조 18년(1585)에 별세하였다.

덕흥대원군(德興大院君, 선조의 아버지)의 딸을 아내로 맞이한 후 사도시 정(司導寺正)이 되었고, 임진왜란(壬辰倭亂) 때에는 돈녕부 도정(敦寧府都正)에 올라 임금을 호종(扈從)하였다. 호성공신 2등(扈聖功臣二等)에 녹훈(錄勳)되었으며, 광양군(廣陽君)에 봉해졌다.

안 정(安 侹)

자는 자장(子長)이며, 호는 도곡(道谷)으로 선조 7년(1574)에 태어나서 인조 14년(1636)에 별세하였다.

한강 정구의 문인으로 선조조에 학행으로 조산대부 동몽교관에 증직되었다. 정구, 장현광, 곽재우, 조임도 등 문생들이 낙동강에서 뱃놀이 하며 시서를 논할 때 공이 참여자들의 면면을 기록한 것을 바탕으로 엮은 『기락편방』이라는 책자가 후일 간행되었다.

안신명(安信命)

자는 군실(君實), 호는 매죽헌(梅竹軒)으로 선조 8년(1575)에 태어나서 인조 14년(1636)에 별세하였다.

임진왜란(壬辰倭亂) 때 의병(義兵)을 일으켜 공을 세워 훈련원 판관(訓練院 判官)을 제수 받고, 뒤에 가선대부(嘉善大夫) 동지중추부사(同知中樞府事)에 증직되고, 선무원종공신 3등(宣武原從功臣三等)의 녹훈(錄勳)을 받았다. 정유재란 때에는 곽재우와 함께 화왕산에서 적을 물리쳤다. 왜란 후 울산 구강 위에 매화와 대나무를 죽 늘어 심고 살았으므로 호를 '매죽헌'이라 하였으며, 매죽헌공파의 파조가 된다.

숙질(叔侄)과 재종간(再從間)의 5명이 모두 녹훈(錄勳)을 받으니 '세칭 안씨일문의 5충[安氏一門五忠]'이라 하였다. 양산(梁山) 소계서원(蘇溪書院), 보령(保寧) 호국사(護國祠), 울산(蔚山) 충의사(忠義祠)에 배향(配享)되었다.

안대진(安大進)

호는 훈정(塤亭)이며, 이산보(李山甫)의 문인으로 문장에 뛰어나 이산보, 이정립(李廷立)과 함께 3대 문장(三大文章)으로 일컬어졌다.

선조 19년(1586)에 증시 문과(文科)에 올랐으며, 같은 해에 알성시 병과에 급제하여 예문관 한림학사(藝文館翰林學士)가 되었다. 임진왜란(壬辰倭亂)이 일어나자 해운도감(海運都監)의 현직(顯職)에 있으면서 큰 공을 세웠고 왕의 서천(西遷) 때에 호종(扈從)하였으며, 이몽학(李夢鶴)의 난 때에는 홍주목사(洪州牧使) 홍가신(洪可臣)과 함께 이를 평정하는 공을 세웠다. 그리하여 선무(宣武)·호성(扈聖)·청난(清難) 등의 원종1등공신(原從一等功臣)에 녹훈되고 많은 사패지를 하사받았다.

선조가 그에게 내린 교지 말미에 "진충보국 만세보령(盡忠報國萬歲保寧)"이라고 추기된 것을 계기로 보령(保寧)이란 지명이 처음 생겼다(오늘날의 충남 보령시). 그가 선조 31년(1598)에 지은 충남 보령시 오천면 소성리에 있는 명나라 계금(季金) 장군 공덕비(지방유형문화재 제159호)의 비문은 글자 700여 자 중 상당 부분이 마멸돼 있어 지금까지 해석이 어려웠는데, 근래에 노승석(盧承奭) 순천향대 이순신연구소 대우교수에 의해 해독되었다. 이 비는 임진왜란 당시 조선에 출병했던 명나라 장수에 대한 유일한 공덕비라고 한다.

안대정(安大楨)

자는 윤보(允甫)이며, 대사헌(大司憲) 안윤손(安潤孫)의 현손이다.

임진왜란 때에 선친과 함께 광주 무갑산(武甲山)에 피신하였는데 적병이 그의 아버지를 해치려 하자 그가 대신 죽기를 각오하고 아버지를 감쌌으나 결국 부자가 함께 죽었다. 우암(尤庵) 송시열(宋時烈)이 경연에서 정포를 청하였다.

안 우(安 瑀)

안극충(安克忠)의 증손으로 어릴 때부터 효행이 천출하여 부상(父喪)에 낮에는 묘를 지키고 밤에는 어머니를 봉양하였다. 모친이 병환이 들어 꿩고기를 원하여 활을 끼고 서 있으려니 꿩이 스스로 나타나고, 또 물고기를 원하니 물고기가 얼음을 깨고 나타났다 한다.

그가 시묘살이한 그 곳을 '효자정' 이라 하였다. 경종 3년(1723)에 형조좌랑에 증직되고, 철종 5년(1854)에 정려(旌閭)가 내려졌다.

안 재(安 載)

자는 중후(仲厚)이며, 풍애 안민학(安敏學)의 증손이다.

12세의 나이에 아버지 병환이 위중하자 단지(斷指)하여 아버지를 회생(回生)하게 하니 세상에서 효자문을 세워 "십이세 효자 안재지문(十二歲孝子安載之門)" 이라 하였다.

안명기(安命祺)

자는 성지(聖之)이며, 호는 산수재(山水齋)로 숙종 17년(1691)에 태어나서 영조 44년(1768)에 별세하였다.

영조 43년(1767) 수직(壽職)으로 통정대부(通政大夫) 첨추(僉樞)에 제수되었다.

안명하(安命夏)

자는 국화(國華), 호는 송와(松窩)이다. 안응두(安應斗)의 손자이자 안한걸(安漢杰)의 아들로 숙종 8년(1682)에 태어나서 영조 28년(1752)에 별세하였다.

어릴 때부터 지성(至誠)이 있어 9세 때 왕모부인이 갑자기 병이 위독하여 온 집안이 창황할 때 자신의 손가락을 깨물어 피를 내어 왕모부인의 입에 넣어 다시 소생시킴으로써 주위 사람들을 감탄케 했다. 또한 스스로의 힘으로 학문에 전념하고 배움을 게을리 하지 않았으며, 13세에 외간상을 당하여 슬퍼하고 예제를 지킴이 성인과 같았고, 모부인이 일찍 홀로됨에 여러 아들이 고혈(孤孑)한 것을 걱정하였으나 자신의 힘으로 어린 동생들을 가르쳐 늙을 때까지 게을리 하지 않았다.

집 주변에 있던 소나무 아래 버섯을 캐어 맛있는 반찬을 만들어 어머니를 봉양하는 것을 보고 이에 감동한 진사(進士) 손석관(孫碩寬)이 송균설(松菌說)을 지어 그의 효성을 왕상(王祥)의 효성(서진(西晉) 시대에 태보

(太保)를 지낸 왕상이 어려서부터 효성이 지극하여 그의 계모가 생선을 먹고 싶어 하였을 때 얼음 위에 누워 얼음이 녹는 것을 기다려 얼음을 깨고 잉어 두 마리를 얻은 것)에 비유하면서 강에 잉어가 있는 것은 정상적인 이치이나 얼음 속에서 잉어가 뛰어나오는 것은 하늘이 시켜서 한 것이요, 뒤 정원에서 죽순이 돋아나는 것은 당연하나 겨울철에 죽순이 돋아나는 것은 하늘이 시켜서 한 것이라고 칭송하였다.

어릴 때부터 과거에는 뜻이 없어 주위 사람들의 권유에도 뜻을 굽히지 않았으며, 19세 때 갈암(葛庵) 이현일(李玄逸) 선생이 광양 유배지로부터 전원으로 돌아왔다는 소식을 듣고 진주를 지날 때 그를 직접 찾아가서 글을 올려 스스로 배울 것을 청하였는데, 갈암 선생이 손수 답서를 지어 진학하는 길을 가르쳐 주었다. 갈암 선생이 금양으로 돌아감에 그는 양식을 준비하여 수백 리 길을 해마다 한 번씩 찾아가서 잠자리를 같이 하면서 한두 달간 청강하였고, 돌아와서는 여러 제자들과 이를 강마하여 기질을 바꾸게 하고 지식을 넓혔다. 어머니를 떠나 오래 머물러 있을 수가 없었으나 하루도 배움을 게을리 하지 않았으므로 갈암 선생 역시 그 정성을 가상히 여겨 대학, 논어, 중용, 서명(西銘), 옥산강의(玉山講義) 등의 책을 가르쳐 주었다. 그가 사포리로 돌아올 때 갈암 선생이 시를 주며 말하기를, "훌륭한 안씨의 아들이 바탕은 아름다운데 배움을 다하지 못하였네. 이별에 임하여 무엇을 줄고. 일을 따라 최선을 다하기를 바란다(好箇安氏子 質美而未學 臨分何所贈 隨事要窮格)" 고 하여 훌륭한 제자를 떠나보내는 아쉬움과 더 가르치지 못한 한을 표현하였다. 그 뒤 갈암 선생이 돌아가시자 분곡(奔哭)하여 가마복(加麻服)으로 상을 마쳤고, 문하생 여러 사람이 스승을 위하여 조기를 들게 하였으니 스승을 존경하는 뜻이 어떠했던가를 짐작할 수 있을 것이다. 70세에 이르렀던 무진년에 스승의 이장 소식을 듣고 직접 가기로 함에 연로(年老)한 관계로 자제들이 만류하였으나 그 전년에 가서 일을 마치고 돌아왔으니 스승을 존경하는 뜻이 부모를 섬김과 같았다.

병신년에 어머니의 병환이 위독함에 옷에 띠를 풀지 않았고, 상중에 애통하여 기일을 지냈으며, 형제간 살림을 나눌 때 땅을 가짐에는 거칠고 못한 것을 스스로 가지고 옥답을 형제에게 나누어 주어 한 집안의 화기가 유연(油然)하였다. 생도가 책을 끼고 오면 강론을 게을리 하지 아니하고 장사숙 좌우명(張思叔座右銘)과 책에 주력하였으며, 주자의 무이구곡(武夷九曲)과 성학십도(聖學十圖)를 벽에 걸고 마음으로 즐겨 감상하였다. 또한 상을 당하여 어려움에 처한 사람이 있으면 가재를 털어 구제하기도 하였고, 호남 지방 사람으로 한 번 만난 적이 있는 손님이 노중(路中)에서 병을 얻어 갈 곳이 없자 구제를 청하여 치료하게 하였으나 죽게 됨에 옷가지를 내어 염장(斂葬)하게 하였으니 남에게 은혜를 베풀고 적선함이 현인에 못지 않았다.

『송와집(松窩集)』이 전하는데, 한성부판윤 겸 오위도

총부 도총관(漢城府判尹兼五衛都摠府都摠管)이었던 허전(許傳)이 그 서문에서 "이대산(李大山)이 행장을 짓고, 안순암(安順菴)이 갈명(碣銘)을 지었는데 모두 질박(質朴)하고 진실하다 하였으니 그 바탕이 아름답다 한 것이요, 인의(仁義)한 자라 하였으니 그 행실을 더욱 아름답다 한 것이다.…… 유고 5권이 있는데 시가 500여 수이고, 서(書)가 70여 편이고, 제문이 80여 편이며 질의록(質疑錄)과 원유록(遠遊錄)이 있다. 상하편에 성정(性情)의 바른 것을 발취하였고 사변(思辨)의 절실한 것이 있는데 각각 모두 생을 즐겨하고 죽음을 슬퍼하는 뜻이 담겨 있으며, 인정과 천리에 융납하지 못하므로 그 글이 꾸미고 사치하는 모양이 없어 옛적의 격을 높이고 순수한 것이 스스로 천기(天機)를 얻었다." 하여 선생의 문장을 극찬하였다. 송덕륭(宋德隆), 김명석(金命錫), 여홍택(呂弘澤), 도선모(都善謨), 이동재(李東栽), 허용(許瑢) 등 많은 문인을 두었다.

송와처사 안공 묘갈명(松窩處士安公墓碣銘)

송와처사 안공이 돌아가신 지 이미 20여 년이지만 묘도에 비석이 없었다. 이에 집안의 자제들이 아름다운 행적이 민멸할까 두려워 서로 모의하여 돌을 다듬어 비석을 세웠다. 그 아들 인복(仁復)이 이공 상정(李公象靖)에게 행장을 받아서 정복에게 편지를 보내 간청하기를, “나의 선고께서 그대의 선친과 침개(針芥)의 교분이 있었으니 오직 종친의 정의로 그러할 뿐만 아니었다. 나의 선묘에 일이 있는데 그대가 차마 한 마디 말이 없을 수 있겠는가.”라고 하였다. 정복은 선대의 교분이 무거웠음을 생각하며, 또한 비록 공의 문하에 미치지는 못하였으나 일찍이 훈계의 글을 받은 적이 있어 그 글이 책상자에 지금 남아 있으니, 감히 사양할 수 있겠는가.

삼가 살펴보건대, 공의 휘는 명하(命夏), 자는 국화(國華)이고 선계는 광주(廣州)에서 나왔으며, 고려의 대장군 휘 방걸(邦傑)의 후예이다. 시조에서 몇 대를 내려와 시어사 휘 유(綏)에 이르러 처음으로 함안에 살게 되었고, 6대를 지나 참판 휘 엄경(淹慶)은 단종조의 충신인 감사 완경(完慶)의 형이다. 이 분이 예안 현감(禮安縣監) 휘 억수(億壽)를 낳고 또 밀양의 신포(薪蒲)로 이사했는데, 바로 공의 9대조이다. 증조의 휘는 홍익(弘翼)이고, 조부의 휘는 응두(應斗)이고, 부친의 휘는 한걸(漢杰)인데 모두 문학으로 일컬어졌다. 모친은 아산장씨(牙山蔣氏)로 처사 희적(熙績)의 딸이다.

공은 타고난 자품이 단정하고 정성스러웠으며 총명한 재능이 보통 사람보다 뛰어났다. 어려서 서당의 스승에게 배웠는데 서당의 스승이 감탄하기를, "후일에 군자유(君子儒)가 될 것이다."라고 하였다. 장성해서는 금양(錦陽) 이공(李公)이 옛 도로써 후진을 가르친다는 말을 듣고 폐백을 갖추어 편지로 가르침을 청하여 사서(四書), 서명(西銘), 옥산강의(玉山講義) 등의 글을 배웠는데 이공이 자주 칭찬하였다. 또 이공의 아들 밀암(密庵) 재(栽), 훈수(塤叟) 정만양(鄭萬陽), 지수(篪叟) 정규양(鄭葵陽), 곡천(谷川) 김상정(金尙鼎) 등과 함께 서찰을 주고받으며 탁마했는데, 제공이 모두 공을 추중하였다.

공은 성품이 지극히 효성스러웠다. 9세에 조모의 병환을 보살피는데 하루는 병이 갑자기 위독해지자 공이 손바닥을 깨물어 피를 내서 입에 넣어주어 곧 소생하게 하였다. 13세에 부친상을 당하여 슬픔으로 몸을 훼상하고 예제를 지키기가 마치 어른과 같았다. 모친을 섬기기에 뜻을 받들어 어김이 없었고, 집 주변에 소나무가 있어 버섯(菌)이 났는데 이로써 맛난 음식을 해 드리니 전사 손석관(孫

碩寬)이 송균설(松菌說)을 지어 찬미하였다. 병신년(1656, 효종 7)에 모친상을 당하여 몹시 슬프게 울부짖고 기한이 넘도록 죽을 먹으니, 부사 김공 시경(金公始慶)이 듣고 어질게 여겨 부의를 보내서 제사를 도왔다.

공은 평소에 멀리 노닐려는 생각이 있어 산수의 명승을 두루 유람하였다. 모렴당(慕廉堂)은 곧 공의 6대조가 지은 집인데, 세월이 오래 되어 집이 폐하게 되자 공이 소나무 아래 집을 짓고는 송와(松窩)라는 편액을 걸고, 벽에는 도서를 갖추어 그 가운데서 독서하고 한가로이 읊조리며 스스로 즐거워하면서 세간의 분화(紛華)에 대해서는 아무런 관심도 없었다. 공과 같은 이는 참으로 '성세(聖世)의 일민(逸民)'이라고 하기에 조금도 부끄러울 것이 없다. 영조 임신년(1752, 영조 28) 12월 그믐에 정침에서 세상을 마치니, 숙종 임술년(1682, 숙종 8) 4월 9일에 태어나신 때로부터 향년 71세였다. 부의 동쪽 율동(栗洞) 임좌(壬坐) 언덕에 안장하였다.

부인은 오천정씨(烏川鄭氏)이니 종양(宗陽)의 딸이고 문과에 급제하여 목사가 된 양계(暘溪) 호인(好仁)의 현손인데, 현숙하고 부도(婦道)가 있었다. 공보다 1년 늦게 태어나고 10년 앞서 돌아가셨는데, 공과 합장하였다. (후략)

안응원(安應元)

자는 선백(善伯)이며, 명종 20년(1565)에 태어나서 선조 37년(1604)에 별세하였다.

선조 34년(1606)에 안악군수(安岳郡守)로 재임할 당시 식년시(式年試) 갑과(甲科)에 급제하고 훈련원 정언(訓練院正言)을 역임하였다. 임진왜란 후 호성원종공신 3등(扈聖原從功臣三等)에 녹선(錄選)되었으며, 광원군(廣原君)에 봉군되었다. 문재(文才)가 뛰어났으나 41세로 일찍 졸하였다.

안응형(安應亨)

자는 숙가(叔嘉), 호는 정재(靜齋)이며, 선조 11년(1578)에 태어나서 효종 6년(1655)에 별세하였다.

선조 39년(1611)에 식년시(式年試) 병과(丙科)에 급제하고, 사간원 정언(司諫院正言), 사헌부(司憲府) 지평(持平)과 장령(掌令), 홍문관(弘文館) 교리(校理)와 수찬(修撰)을 역임하였다. 남양(南陽)과 제주군수(濟州郡守)

로 재임 시 선정으로 공덕비(功德碑)가 세워졌으며, 안동부사(安東府使)와 평안(平安), 경기(京畿) 등 7도의 관찰사(觀察使)를 두루 역임하였다. 한성부 좌윤(漢城府 左尹), 예조(禮曹)와 형조(刑曹)의 참판(參判)과 개성유수(開城留守)를 거쳐 인조 18년(1640)에 사은사(謝恩使)로 명나라 연경에 다녀왔으며, 지의금부사(知義禁府事)를 재임하고 효종 4년(1653)에 대사헌(大司憲)과 호조판서(戶曹判書)를 제수 받았으나 연로하여 재임하지 못하였다.

임진왜란 후 호성원종공신 3등(扈聖原從功臣三等)에 녹훈되었다. 78세로 졸하니 효종이 치제문(致祭文)을 내렸다.

안응인(安應仁)

자는 춘경(春卿)이며, 선조 20년(1587)에 태어나서 인조 22년(1644)에 별세하였다.

통정대부(通政大夫) 고산현감(高山縣監)과 전주진관

병마절제도위(全州鎭管兵馬節制都尉)를 역임하였으며, 가선대부(嘉善大夫)로 이조참판(吏曹參判) 겸 지의금부사(兼知義禁府事)와 오위도총부 부총관(五衛都摠府副摠管)에 추증(追贈)되었다.

시욱(時郁),시철(時哲),시중(時中) 등 5남과 3녀를 두었다.

안응로(安應魯)

자는 몽여(夢與)이며, 호는 취의(醉癥)로 안묵지(安默知)의 아들이다.

광해군 7년(1616)에 정시문과에 병과로 급제하여 검열(檢閱), 헌납(獻納)을 거쳐 이조정랑(吏曹正郞), 상령(掌令), 병조참의(兵曹參議), 승지(承旨) 등을 지내고, 관찰사(觀察使)에 이르렀다.

안수해(安壽海)

자는 종보(宗普)이며, 선조 31년(1598)에 태어나서 현종 12년(1671)에 별세하였다.

현종 8년(1767)에 통훈대부(通訓大夫) 장악원 정(掌樂院正)에 증직되었다.

안시우(安時愚)

인조 3년(1625)에 태어나서 숙종 2년(1676)에 별세하였다.

영조 43년(1767) 증 통정대부(贈通政大夫) 형조참의(刑曹参議)에 제수되었다.

안헌징(安獻徵)

선조 33년(1600)에 태어났다.

광해군 13년(1621) 증광시(增廣試)에 을과(乙科)로 급제하고, 인조 4년(1626)에 중시(重試)하여 검열(檢閱)과 이조좌랑(吏曹佐郎)을 지냈다. 다시 예조정랑(禮曹正郎), 장령(掌令), 부승지(副承旨) 등을 거쳐 벼슬이 관찰사(觀察使)에 이르렀다. 문장에도 뛰어났다고 한다.

안시현(安時賢)

자는 군망(君望)이며, 선조 34년(1601)에 태어나서 광해 27년(1649)에 별세하였다.

인조 4년(1626) 정시(庭試)에 을과(乙科)로 급제하여 필선(弼善)에 이르렀으며, 병자호란 후 호성원종공신(扈聖原從功臣)에 녹훈(錄勳)되었다. 당시 문장가였던 오준(吳俊), 황상(黃床) 등과 함께 팔학사(八學士)라 칭할 만큼 문재(文才)가 뛰어났으나 49세로 일찍 졸하였다.

안시수(安時秀)

자는 내숙(字華)이며, 광양군(光陽君) 안황(安滉)의 손자이며 고산공(高山公) 안응인(安應仁)의 아들로 광해군 6년(1614)에 태어나서 현종 8년(1667)에 별세하였다.

통훈대부(通訓大夫) 동몽교관(童蒙敎官)을 역임하고, 통정대부(通政大夫) 승정원 좌승지겸 경연참찬(經筵參贊)에 추증(追贈)되었다.

안후열(安後說)

자는 덕우(德雨)이며, 호는 재곡(齋谷)으로 인조 10년(1632)에 태어나서 경종 4년(1724)에 별세하였다.

효종 3년(1652) 증광시(增廣試)에 을과(乙科)로 급제하고 호당(湖堂)에 들어갔다. 이후 사경 기사관(司經記事官), 지평(持平), 수찬(修撰), 암행어사(暗行御史)를 지냈다. 현종조에는 교리(敎理), 수찬(修撰), 장령(掌令), 헌납(獻納), 집의(執義), 승지(承旨), 동부승지(同副承旨), 좌승지(左承旨), 도승지(都承旨) 등을 역임했다.

안후태(安後泰)

자는 내숙(來叔)이며, 호는 월창(月窓)으로 안시수의 아들이다.

현종 7년(1666) 식년문과에 병과로 급제하고 주서(主書)를 거쳐 숙종조에 지평(持平), 장령(掌令), 집의(執義), 승지(承旨) 등을 역임하였다.

안서우(安瑞羽)

호 양기재(兩棄齋)이며, 숙종 5년(1664)에 안건행의 아들로 태어나서 영조 11년(1735)에 별세하였다.

일찍이 문명을 세상에 떨친 인물로 숙종 17년(1691)에 생원이 되고 이어 별시 문과(別試文科)에 병과(丙科)로 급제하였다. 앞서 성묘종사(聖廟從祀)의 의논에 참여했으므로 승문원(承文院)에 뽑히지 못하고 태인군수(泰仁郡守), 울산부사(蔚山府使) 등을 역임하였다. 후에 첨지중추부사(僉知中樞府事)에 임명되었으나 취임하지 않았다.

안세징(安世徵)

자는 자원(子遠)이며, 호는 환성재(喚醒齋)로 인조 17년(1639)에 안사웅의 현손으로 태어나서 숙종 28년(1702)에 별세하였다.

숙종 1년(1675)에 식년 문과(式年文科)에 급제하여 우승지(右承旨), 형조정랑(刑曹正郎), 공조참의(工曹參議)

를 거쳐 보사원종공신 1등(保社原從功臣一等)에 녹훈(錄勳)되었다.

안세광(安世光)

자는 회지(晦之)이며, 호는 구봉(九峰)이다.

숙종조에 태학에 종유했고, 팔도 유림을 이끌고 송준길(宋浚吉)과 송시열(宋時烈)을 성무에 종사할 것을 상소했다. 뒤에 노인직으로 첨지중추부사(僉知中樞府事)가 되었다.

안세국(安世國)

벼슬로 만호(萬戶), 어모장군(禦侮將軍)을 지내고, 외직으로 남해현령(南海縣令)을 역임하였다.

안상즙(安商檝)

숙종 22년(1696)에 태어나서 영조 50년(1774)에 별세하였다.

용안(龍安), 연산(連山), 창녕(昌寧) 등의 현감(縣監)을 지내고, 삭녕(朔寧)과 해주(海州)의 군수(郡守)를 거쳐 부평도호부사(富平都護府使)를 역임하여 선치(善治)하였으므로 영조가 속대주첩(續代柱帖)을 만들어 그의 십고십상(十考十上)을 등재하게 하고 대녹피(大鹿皮)를 하사(下賜)하였다.

사후에 서유대(徐有大)가 청백리(清白吏)에 천거하였다.

안정복(安鼎福)

호는 순암(順菴), 한산병은(漢山病隱), 우이자(虞夷子), 상헌(橡軒) 등이며, 시호(諡號) 문숙(文肅)으로 광성군(廣城君)에 봉해졌다. 예조참의 안서우(安瑞雨)의 손자이고, 오위도총부 부총관 안극(安極)의 아들로 숙종 38년(1712)에 태어났으며 어머니는 이익령(李益齡)의 딸이다.

숙종 43년(1717) 외할머니상을 당하여 어머니를 따라 외가인 영광(靈光) 월산(月山)의 농장에서 생활하다가

1719년 할아버지가 서울에서 벼슬을 하게 됨에 따라 남대문 밖 남정동(藍井洞)으로 귀경한 뒤 경종 1년(1721) 10세에 처음으로 학문의 길에 들어섰다. 그 뒤 할아버지의 임지를 따라 여러 지방을 전전하다가 영조 12년(1736) 25세 때 선영이 있는 광주 경안면(慶安面) 덕곡리(德谷里)에 정착하였다.

그는 과거에는 한 번도 응시하지 않았으나 영조 25년(1749) 처음으로 만녕전 참봉(萬寧殿參奉)에 부임한 것을 시작으로 내직으로는 감찰(監察)과 익위사 익찬(翊衛司翊贊)을 역임하였고, 외직으로는 65세 때에 목천현감(木川縣監)을 지냈다. 70세 이후에 받은 통정대부와 가선대부 등의 산직은 고령에 따른 예우였으며, 노령에 들자 80세의 나이로 죽을 때까지 학문연구와 선비로서 갖추어야 할 몸가짐을 게을리 하지 않았다.

그는 광주안문(廣州安門)이 배출한 영·정조(英·正祖) 시대의 실학자(實學者)이자 이익(李瀷)의 문인이다.

그의 집안은 전통적으로 남인이었기 때문에 다른

남인의 집안과 마찬가지로 그 아버지 때부터 당쟁에 희생이 되어 벼슬길이 끊긴 불우한 집안이었다. 그러나 그는 어려서부터 공부를 시작하여 경학(經學)은 물론, 역사, 천문, 지리, 의약 등에 걸쳐 넓고도 깊은 경지에 도달하였다. 영조 22년(1746) 35세 때 특히 이익의 문하에 들어가서 공부하면서부터는 학문의 목표를 경세치용(經世致用)에 두고 이를 위해서 진력하였다.

그는 이익(李瀷)의 가르침을 받는 한편, 성호학파(星湖學派)의 여러 학자들과 어울려서 토론하고 학문적 교환을 가지면서 실학의 사상적 영역을 넓혀나갔으며, 경세치용(經世致用)의 구체적인 모색을 위한 사상적 정립을 꾀하여갔다. 그리고 이러한 성과들을 저술로 남기게 되었다.

저술로는 『순암선생문집(順菴先生文集)』 30권 15책이 있고, 『동사강목(東史綱目)』, 『하학지남(下學指南)』, 『열조통기(列朝通紀)』, 『임관정요(臨官政要)』, 『계갑일록(癸甲日錄)』, 『가례집해(家禮集解)』 등이 있다.

이밖에 그가 지은 『잡동산이(雜同散異)』와 『성호사설유선(星湖僿說類選)』 등도 안정복을 이해하는 데 빼놓을 수 없는 책들이며, 문집에 수록되어 있는 『천학고(天學考)』, 『천학문답(天學問答)』은 그의 주변을 위협하였던 천주교의 박해와 안정복과 같은 전통적 조선학인의 서학(西學)에 대한 인식을 살펴보는 데 중요한 저술이기도 하다.

그는 18세기 조선 후기에 살면서 사상적으로 무던히도 고민하였던 학자이며 사상가였다. 조선시대의 전통적인 봉건체제가 무너져가고 있던 제도적 모순과 중국을 통해서 전래되고 있던 이단적(異端的)인 서학의 충격 속에서 조선시대의 전통적 가치와 유교이념을 되살리되, 이를 합리적으로 개진하기 위해서 고민하였다.

특히 그는 역사적 현실을 실증적으로 새로 정립해서 정신적인 정통성을 확립하기 위하여 『동사강목(東史綱目)』과 『열조통기(列朝通紀)』를 편술하였고, 경사(經史)

의 부연적인 측면을 위해서 『잡동산이(雜同散異)』를 지었으며, 행정에 임하여 취해야 할 목민관(牧民官)의 자세를 『임관정요(臨官政要)』에 담았다. 목천현감을 지낼 때에는 향약(鄕約)을 실시하여 농촌을 자치적인 유교의 실천세계로 기대하기도 하였다.

당시는 이른바 실학의 학풍이 선구적인 학자와 사상가들에 의해서 개진, 선양되고 있었는데, 그는 이러한 실학의 한 지도자인 이익의 학문과 사상을 계승하여 이를 구체적으로 밝히고자 하였다. 그렇지만 성호학파에 속하였던 그는 다른 사람들과는 달리 천주교에 대해서는 어디까지나 비판적이었다. 그는 철저한 주자학자였고 전통성을 고집하는 전통적인 조선힉인이었다. 오늘날 그의 주요한 저술과 편찬물은 거의 전해지지만, 그의 연보에 전해오는 저술과 황필수(黃泌秀)가 『하학지남(下學指南)』에 적어놓은 저술목록과 그의 일록 등에서 전해오는 저술목록과는 일치하지 않고 있다. 이밖에 그의 사상적 편력을 찾아볼 수 있는 그의 일부 저작물이 아직도 발견되지 않고 있는 실정이다.

그는 정치적으로는 불행하였던 시대에 살았지만, 사상적으로는 비교적 자유스럽고 개방적인 시대에 산 인물이었다. 그가 역사상에 차지하는 비중은 정치적 행적이나 정책적 업적보다는 학문적, 사상적인 공헌과 영향에 있다고 하겠다. 이에 정통성으로 대표되는 그의 역사적 감각과 모든 학문과 사상체계를 합리적이고 실증적으로 정립하고자 하였던 학구적 방법은 당시의 학풍에서도 매우 뛰어난 것으로 평가되고 있다.

순암공의 가훈

첫째, 먼저 모름지기 뜻을 세우라.

둘째, 부지런히 글을 읽으라.

셋째, 바른 마음을 가져라.

넷째, 말을 삼가라.

다섯째, 말을 삼가라.

여섯째, 의를 돈독히 하라.

일곱째, 근검절약하라.

순암공의 어머니 전주이씨

조선후기 실학자로 이름을 높인 순암(順菴) 안정복의 어머니 전주이씨(1694~1769)는 태종의 둘째 아들인 효령대군 보(補)의 후손으로 일생을 통해 조선 여인의 전형을 보여 주었다. 그녀의 아버지는 익령(益齡)으로 성품이 관대하고 화평스러웠으며 베풀기를 좋아했으나 벼슬을 하지 않았다.

전주이씨는 숙종 갑술년(1694년) 윤 5월 초엿새 진시 서울에서 태어났다. 그녀의 아버지는 유난히 빛나는 달을 태몽으로 꾸었고, 어릴 적부터 성품과 자질이 밝고 빼어난데다 총명한 그녀를 유독 귀여워했다. 또한 겨우 돌이 지났는데 말을 할 줄 알았고, 남녀종들이 절구질 하는 소리를 통해 숫자를 터득했다고 한다. 6세에 언문을 통하고 7살이 되면서는 어른들을 대신하여 편지를 써줄 정도로 총명한 아이였다고 한다.

그녀가 9살 때는 이런 일도 있었다. 당시 전주이씨 외할아버님의 상을 당하였는데, 사람들은 그녀가 어리다는 이유로 상복을 만들어 주지 않았다. 그런데 그녀의 끈질기고 간곡한 부탁으로 어린 그녀에게 상복을 주니 예법대로 아침저녁에 곡을 참석함은 물론 슬픔이 예절을 넘어 많은 사람들을 감탄시켰다.

전주 이씨는 부모님의 약조로 17세에 결혼하였다. 안씨 집안은 명문이기는 하나 집안 살림이 과히 넉넉하지 않았다. 그렇지만 그녀의 남편은 손님을 좋아하고 베풀기를 좋아하였다. 전주이씨는 그러한 남편의 성격을 이해하고 반드시 원하는 대로 해주었다고 한다. 또한 자식들의 친구가 찾아오면 힘든 살림에도 음식을 준비해주었다.

"옛날에 머리털을 기르고 앉는 자리를 잘라 팔아서 아들의 친구들을 대접하는 사람도 있었다는데 나는 그런 사람들을 모름지기 좋아한다."라고 하면서 자식의 친구들을 늘상 웃는 낯으로 대하였다. 이처럼 자녀를 기를 때 매우 사랑하고 소중하게 여겼지만 딱 잘라서 올바른 교훈으로 지도하고 어린 시절부터 법도에 맞게 교육했다. 무엇보다도 의(義)와 이(理)의 분별에 더욱 삼가도록 하고 자식들이 사사로운 재물을 취하지 못하게 하였다.

이씨는 아들 셋과 딸 넷을 두었는데, 큰아들이 바로 실학의 대가 안정복이다. 안정복은 어려서부터 몸이 약해 병치레가 잦았지만 어머니의 자애로운 보살핌으로 무사히 자랄 수 있었고 어려서부터 공부를 시작하여 경학(經學)은 물론, 역사, 천문, 지리, 의약 등에 걸쳐 넓고도 깊은 경지에 도달하였다.

안정복이 보첩(譜牒)의 기록에 오류가 많음을 지적한 글

보첩이란 파계(派系)를 밝히고 소목(昭穆)을 분별하기 위한 수단이다. 따라서 그 내용이 진실되어 거짓이 없도록

하려고 하는 것이다. 그런데도 만일 사실과 틀린 곳이 있다면 이는 곧 선조(先祖)를 욕보이고 속이는 죄에 떨어지게 되는 것이니, 보첩처럼 엄격하고 막중한 것이 없다 하겠다.

근래에 집집마다 보첩을 만드는 것이 풍습을 이루었는데 그에 따르는 폐단도 또한 여러 가지이다. 무식한 무리들은 먼 시골구석의 한미(寒微)한 집안으로부터 뇌물을 받고는 그 내력이 어떤지도 모르면서 곧장 선대 중에서 이름만 있고 자식이 없는 사람에게 붙여서 그 자손이라고 하면서 군역(軍役)을 면제받도록 하려고 한다. 그리고 그 중에서도 영악스러운 자는 성(姓)과 이름이 같은 사람의 돈을 받고는 사사로이 보첩을 발간하여 그 속에다 이름을 끼워 넣어 주는데, 그것도 기어코 현조(顯祖)에게 붙이고야 만다. 참으로 통탄스러운 일이다.

심지어는 대왕(大王)의 자손과 공신(功臣)의 자손에게 군역(軍役)을 부과하지 말라는 하교가 있었던 것을 기화(奇貨)로 하여 보계(譜系)를 위조해서 종실(宗室)의 후예니 공신의 후예니 하면서 종친부와 충훈부에 뇌물을 바치면, 실무를 맡은 하리(下吏)는 문안(文案)을 만들어서 당상관의 수압(手押)을 받은 후에 이를 발급한다. 이와 같은 간악한 버릇들을 통렬히 응징해야만 명분이 확립되고 군정(軍丁)의 형편도 어느 정도 나아질 것이다.

또 하나 허무맹랑한 일이 있으니, 더러 시조 이상에 대하여 터무니없는 말을 조작하여 자기 조상이 어느 명산(名山)의 바위굴에서 나왔다고 하면서 사람들을 속이려 들면, 무식한 자들은 정말 그런 줄 알고 믿기도 하는 것이다. 나라에서는 이에 대한 법령을 엄격히 세워서 옛날의 씨족지(氏族志)의 예에 따라 대처해야 할 것이다. (순암문집 제13권 상헌수필下)

안국형(安國亨)

자는 백증(伯曾)이며, 숙종 45년(1719)에 태어나서 영조 32년(1756)에 별세하였다.

어릴 때부터 효성(孝誠)이 뛰어났으며 학행(學行)이 있고 종사(宗事)에 성의가 있었다. 글씨는 행서(行書)와 초서(草書)를 잘하여 명성이 있었다.

안정최(安廷最)

영조 1년(1725)에 태어나서 정조 18년(1794)에 별세하였다.

영조와 정조조에 절충장군(折衝將軍)을 거쳐 도총관(都摠管)을 역임했으며, 정조 18년(1794)에 가선대부 동지중추부사(嘉善大夫 同知中樞府事)가 되었다.

안종화(安鍾和)

자는 사응(士應)이며, 호는 수재(潄齋)로 순조 6년(1806)에 안기원(安基遠)의 아들로 태어나서 1924년에 별세하였다.

고종 31년(1894) 식년문과에 병과로 급제하여 궁내부 낭관(宮內府郎官), 법부참서(法部參書), 세자시강원 시독(世子侍講院侍讀)을 거쳐 중추원 의관 등을 지냈다. 1905년 을사조약이 강제 체결되자 최익현(崔益鉉)의 상소에 이어 이우면(李愚冕), 박봉주(朴鳳柱), 윤두병(尹斗炳) 등과 함께 조약의 폐기와 5적의 주살을 주장하는 상소문을 올렸으나 받아들여지지 않자 고향으로 돌아갔다.

역사에 밝았으며 특히 100여 종의 문헌을 이용하여

조선시대 인물의 전기를 약술한 『국조인물지(國朝人物志)』는 『국조문헌(國朝文獻)』 등과 함께 조선시대 인물 연구에 관한 귀중한 자료로써 일제시대 총독부 중추원의 『조선인명사서』 편찬에 큰 영향을 끼쳤다.

저서로는 『동사절요(東史節要)』, 『국조인물지(國朝人物志)』가 있다.

국조인물지(國朝人物志)

3책, 인본. 융희 3년(1909)에 간행되었다. 제1책은 태조 때의 개국공신으로부터 중종 때까지의 약 900명, 제2책은 중종 때부터 인종 때의 약 1,000명, 제3책은 그 뒤 철종까지의 약 1,100명 등 모두 3,000여 명에 대한 간략한 전기이다. 자, 초명, 호, 출신지, 현조명(顯祖名) 등을 기술하고 이어서 행적을 서술하였으며, 시호와 자손에 대한 사실도 간략히 적어놓은 서술체 형식이다. 『국조인물고』보다 수록 인물수가 많으며, 왕대별로 수록되어 있어 항목별 배열인 『국조인물고(國朝人物考)』와는 다르다. 수록 인물을 보면 반역자나 간신 등도 모두 싣고 있어 후대를 권계(勸戒)하려는 의도가 보인다. 편찬에 있어서 『인물고

』 이외에 『국조보감(國朝寶鑑)』·『국조기사(國朝記事)』·『동국여지승람(新增東國輿地勝覽)』 등 156종의 문헌을 참고하였다. 규장각에 소장되어 있다.

안곤중(安坤重)

자는 덕지(德地)이며, 호(號)는 귀은(歸隱)으로 순조 원년(1801)에 경심재(警心齋) 안한기(安漢基)의 현손(玄孫)으로 태어나서 철종 12년(1861)에 별세하였다.

성품(性品)이 관후(寬厚)하여 수신(修身)에 진력(盡力)하였으니 향중(鄕中)에서 군자(君子)라 칭(稱)하였다. 특히 글씨는 명필(名筆)로 글씨와 문장이 많이 남아있다.

안경철(安景喆)

자는 성돈(性敦)이며, 호는 학암(鶴巖)으로 순조 18년(1818)에 태어나서 광무 2년(1898)에 별세하였다.

고종 17년(1880)에 진사가 되고, 의금부 도사(義禁府都事)와 용양위 부호군(龍驤衛副護軍)에 오르고, 돈녕부 도정(敦寧府都正)에 승질(陞秩)되었다.

안학로(安學魯)

호는 지와(芝窩)이며, 순조 24년(1824)에 태어나서 고종 32년(1895)에 별세하였다.

고종 7년(1870)에 지독한 흉년(凶年)으로 온 국민이 아사지경(餓死之境)일 때 자진하여 교통 요충지에 가마솥을 걸고 탕죽(湯粥)으로 왕래하는 굶주린 자를 수년간 진휼(賑恤)하였으며, 고종 22년(1885)에 진사로서 선감역(繕監役)과 절충장군(折衝將軍)을 거쳐 통정대부(通政大夫) 돈녕부 도정(敦寧府都正)을 지냈다.

안택중(安宅重)

초명(初名)은 우중(瑀重), 자는 중거(仲擧)이며, 호는 지정(之亭)으로 철종 9년(1858)에 태어나서 1929년에 별세하였다.

광무 7년(1903)에 법관양성소 교관(法官養成所敎官)으로 등용되어 사범학교 교장(師範學校校長)을 역임하고, 1907년에 수학원 교관 겸 동궁사부(修學院敎官兼東宮師

傅)로 승진(陞進)되었다. 그 후 동궁(東宮)이 일본에 억류(抑留)되고 국정이 위미(萎靡)함을 보자 사직(辭職)을 고했다. 고종황제(高宗皇帝)가 어구마 한 필(御廐馬一匹)을 하사(下賜)하고, 손수 소귀정(疏歸亭) 세 자[三字]를 써서 주었으니 곧 이소(二疏)가 갈다는 뜻이다. 동궁(東宮)이 영친왕(英親王)으로 강칭(强稱)된 후에 귀국(歸國)하면 그를 창덕궁 후원으로 불러 하루이틀씩 동숙하면서 통한의 눈물을 지웠다 한다.

안종수(安宗洙)

자는 경전(敬專)이며, 호는 기정(起亭)으로 헌종 15년(1849)에 태어나서 건양 1년(1896)에 별세하였다.

고종 19년(1882)에 진사가 되고 1895년에 주부(主簿)가 되었으며, 1906년에 황해도 시찰관(黃海道視察官)을 거쳐 나주군수(羅州郡守)가 되었다. 남달리 학문에 조예가 깊어 내무대신(內務大臣) 박정양과 함께 국외(國外)를 두루 다녀와서 『농정신편(農政新編)』을 저술하였다. 가선대부(嘉善大夫) 규장각 부제학(奎章閣副提學)에 추증(追贈)되었다.

안사백(安師伯)

자는 사감당(四感堂)으로 영조조 말엽에 통훈대부 행의금부도사 안영립의 두 아들 중 장남으로 태어났다.

효성이 천출하여 봉양이친(奉養二親)함에 그 행적(行績)이 특출하였다. 집안이 곤궁하여 어려서 풍족한 생활을 하지 못한 채 자랐는데, 철이 들면서 학문을 좋아해 서책을 가까이 하고 선비의 도리를 스스로 깨우쳤다.

곡성효자로 불릴만큼 효성이 지극했는데, 어느 해 겨울 마을에서 30칠로 떨어진 화순군 북면 친척의 혼인잔치에 갔다가 부모에게 드릴 음식을 따로 싸두고 친척들이 권하는 대로 술을 마셨지만 주위의 만류를 뿌리치고 음식을 부모에게 갖다드리기 위해 밤길을 걸어갔다. 마을까지 오십 리 정도 남았을 때 갑자기 화등만한 쌍불이 확 켜지면서 산이 떠나갈듯한 호랑이 울음소리가 났는데, 호랑이가 그 앞에 나타나 주위를 맴돌더니 다리를 구부리고 발 앞에 엎드린 후 고개를 꾸벅꾸벅하였다. 그가 호랑이의 뜻을 알아차리고 등에 올라타니 호랑이는 질풍같이 달려 집 앞까지 데려다주고 사라져 버렸다 한다.

또 아버지가 악창을 앓자 약을 구했지만 백약이 무효하여 근심에 쌓여 나날을 보내고 있던 어느 날 노승이 홀연히 나타나 사람의 살을 태워 부스럼에 붙이면 낫는다고 하였다. 이에 그의 허벅지 살을 베어내 태워 아버지 환부에 붙이자 부친의 병환은 씻은 듯이 나았다.

어느 해 겨울엔 병환으로 몸져 누운 어머니가 동지섣달인데도 죽순 나물을 찾으므로 혹시나 하고 마을 뒷산의 대밭을 찾아봤으나 풀 한포기도 없었는데, 갑자기 왕대 밑에서 김이 모락모락 나더니 죽순이 쑥 솟아나 나물을 얻어드려 어머니도 며칠 후 거뜬히 일어났다.

착한 마음으로 극심한 가뭄이 들어 물이 귀할 때도 자신의 논보다도 이웃 사람들의 논에 먼저 물을 대주곤 했는데, 그럴 때마다 이상하게 그의 논 바로 위의 하늘에 구름이 끼고 곧 비가 내려 그의 논에만 물이 찼다고 한다.

또 이웃 마을에서 그가 살고 있는 마을까지 거리가 멀자 마을 앞 5킬로미터 가량 떨어진 곳에 샘을 파고 정자를 지어 행인들이 편히 쉴 수 있도록 했는데, 후세사람들은 이 자를 '안정자' 라 불렀고 아무리 가물어도 이 샘은 물이 마르지 않았다. 또한 감나무를 심어 행인을 도우니 사람들이 이를 '안정효시(安亭效柹)' 라 불렀다.

그의 효행의 알려지자 나라에서는 벼슬과 효자문을 내렸고 부인 광산함씨 에게는 정부인 칭호를 내렸다. 고종 1년(1897)에 가선대부 호조참판 겸오위도호부 부총관 벼슬을 내렸고, 고종 때 예조판서와 세자좌빈객을 지낸 조연필이 안효자 정려기를 썼다.

안희원(安禧遠)

자는 길수(吉叟), 호는 시헌(時軒)으로 헌종 12년(1846)에 태어나서 1919년 별세하였다.

성재(性齋) 허전(許傳)의 문인으로 언론이 빼어나고

기상이 너그러웠으며 조정에 나가거나 고향에 돌아와서도 중망이 쏠렸다. 대과에 급제하여 승문원(承文院) 권지부정자(權知副正字)에 선임되고, 그 뒤 성균관 전적(典籍), 사간원(司諫院) 정언(正言), 대사간(大司諫), 사헌부(司憲府) 장령(掌令), 집의(執義), 홍문관(弘文館) 수찬(修撰)과 부응교(副應教), 통례원(通禮院) 좌통례(佐通禮)를 역임하였다. 고종 28년(1891)에 승정원(承政院) 동부승지(同副承旨)를 사직하고 귀향하였으나 광무 7년(1903)에 다시 관찰사 박제흥(朴齊興)의 주천(奏薦)으로 비서원승 겸장례원 장례(秘書院丞兼掌禮院掌禮)를 제수하였다.

갑신정변 때 청나라 장수 원세개(元世凱)가 왕에게 독대(獨對)를 청하자 분개하여 진언하기를 "원(元)의 공이 비록 중하지만 외국의 사신이고, 신 등은 못났어도 시신인데 어찌 외신(外臣)과의 독대를 용납하겠습니까?" 하고 물러가지 아니하였다. 1909년에 능에 친히 제사 드릴 때 홍문관(弘文館) 수찬(修撰)으로서 집존(執

尊)한 공로가 있어 옷 한 벌을 하사받았다. 1918년에 병산서원(屛山書院) 원장에 피임되었다.

나라가 망하자 융희처사(隆熙處士)로 자처하며 두문불출하였으며 1922년 문중의 재사(齋舍)인 모렴당에서 성호(星湖) 이익(李瀷) 선생의 전집(全集)을 간행하였다. 저서로는 『시헌유고(時軒遺稿)』 5권이 있다.

안희진(安禧鎭)

고종 19년(1882)에 태어나서 1968년에 별세하였다.

한일합방 후 만주로 가서 독립운동 중에 연락차 입국하였다가 일경에 체포되어 1년간 옥고를 치렀다.

재능과 행실, 문장이 뛰어나 그가 편찬하여 1935년에 간행한 책으로 『한산세고(漢山世稿)』가 있는데, 역대 광주안씨 주요 인물들의 행적을 적고 그와 관련된 시문들을 찾아내어 기록한 책으로 많은 문헌들을 섭렵하여 엮은 귀한 자료이다.

규장각『한산세고(漢山世稿)』어학해제

안희진(安禧鎭)이 한산안씨(漢山安氏) 가문의 역대 인물의 약력과 시문을 모아 엮은 것으로 6권 3책의 석인본(石印本)이다. 권수에 1923년에 소눌(小訥) 노상직(盧相稷)이 쓴 서문(序文)과 1935년에 쓴 서문(序文)이 있고, 권말에 1935년에 안종식(安種植)이 쓴 발문(跋文)이 있다. 이에 의하면 안희진이 고려 때부터 20여세의 조상의 글을 모아 엮어서 노상직의 서문(序文)까지 받아놓았는데 간행하지 못하다가 13년 후에 보충하여 간행한다고 하였다. 이어 서언(緖言)과 목록(目錄)이 있다. 내용은 시조(始祖)인 광주군(廣州君) 안지(安祉)로부터 시작하여 1세~23세손 139인을 다루었다. 체제는 각 인물의 간단한 자호(字號) 및 약력(略歷)을 적고, 시문(詩文)이 있는 경우 이를 수록하였다. 또『동국여지승람(東國輿地勝覽)』,『대동시선(大東詩選)』,『동사절요(東史節要)』등 여러 전적에서 관계된 기사(記事)를 인용하였다. 이 책은 한산안씨의 역대 인물을 모두 망라하고 있어 족보(族譜)와 같은 성격을 지닌다.

이 가운데 가장 비중 있게 다루어진 인물은 순암(順菴) 안정복(安鼎福 : 1712~1791)이다. 안정복의 자(字)는 백순(百順), 호(號)는 순암(順菴)·한산병은(漢山

病隱)·우이자(虞夷子)·상헌(橡軒)이며, 이익의 문인인데, 수록된 내용은 「동사강목서(東史綱目序)」, 「동국통감제강서(東國通鑑提綱序)」를 비롯하여, 제문(祭文), 잠(箴), 설(說), 기(記), 찬(贊), 묘갈명(墓碣銘), 서(書) 등 다양하다.

근대 인물(近代 人物)

안종태(安鍾台)

독립운동가로 1990년 건국훈장 애족장이 수여되었다. 1993년 독립애국지사 묘비가 건립되었다.

안종규(安鍾奎)

독립운동가로 1993년 건국훈장 애족장이 수여되었다.

안종명(安鍾鳴)

일명(一名) 종선(鍾宣)이며, 고종 32년(1895)에 태어나서 1934년에 별세하였다. 독립군 제5대장으로서 중국군 고봉림(考鳳林) 부대와 합동으로 아성(阿城)을 탈환하는데 큰 공을 세웠으며, 대전 국립묘지 애국지사 제2묘역 697호에 안장하였다. 1932년 건국훈장 애족장이 수여되었다.

안장원(安長遠)

1924년에 태어나서 1971년 별세하였다.

항일투쟁에 공이 있어 건국훈장 애족장이 수여되었다.

안진원(安震遠)

고종 32년(1895)에 태어나서 1941년에 별세하였다. 항일투사로 1997년 양성(陽城) 주민이 호국전통을 계승하고자 대로에 표석하고 비문을 건립하였다.

왕조계보도

王朝系譜圖

역대 왕조계보도

*세로선 : 부자간, 또는 조손간의 승계

*가로선 : 형제간, 또는 기타 인척간의 승계

가 야

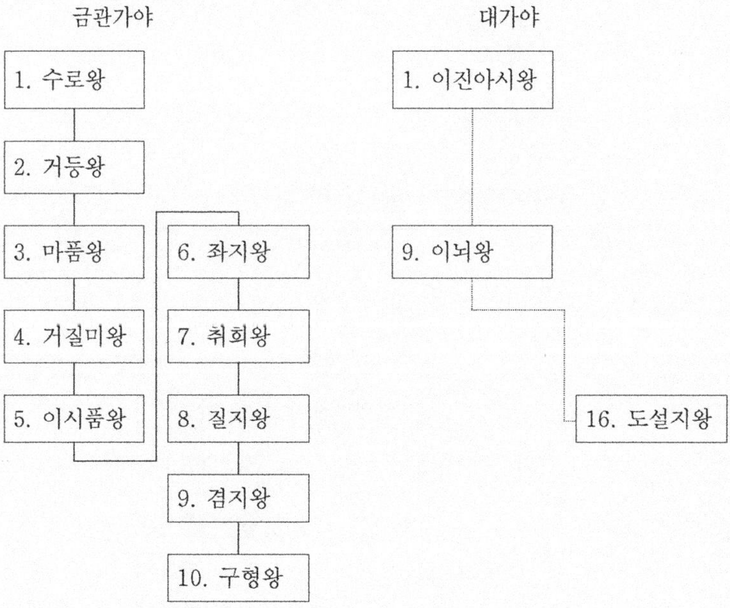

왕조계보도(王朝系譜圖)

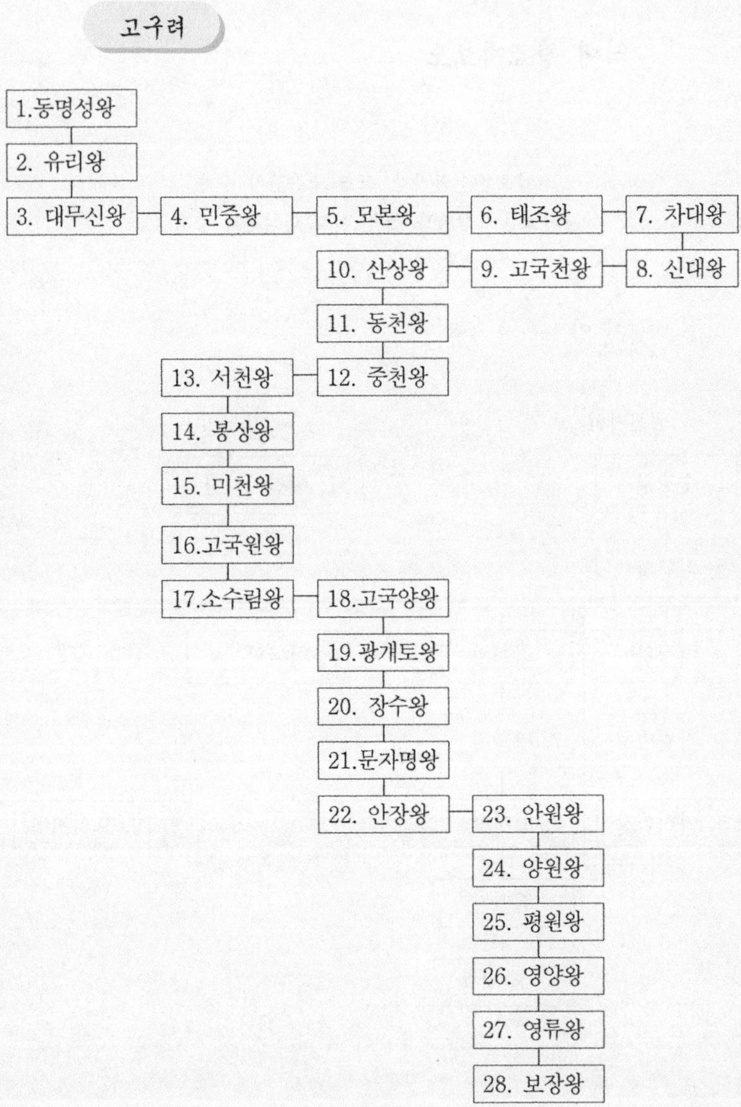
고구려
1.동명성왕
2. 유리왕
3. 대무신왕
4. 민중왕
5. 모본왕
6. 태조왕
7. 차대왕
8. 신대왕
9. 고국천왕
10. 산상왕
11. 동천왕
12. 중천왕
13. 서천왕
14. 봉상왕
15. 미천왕
16.고국원왕
17.소수림왕
18.고국양왕
19.광개토왕
20. 장수왕
21.문자명왕
22. 안장왕
23. 안원왕
24. 양원왕
25. 평원왕
26. 영양왕
27. 영류왕
28. 보장왕

백 제

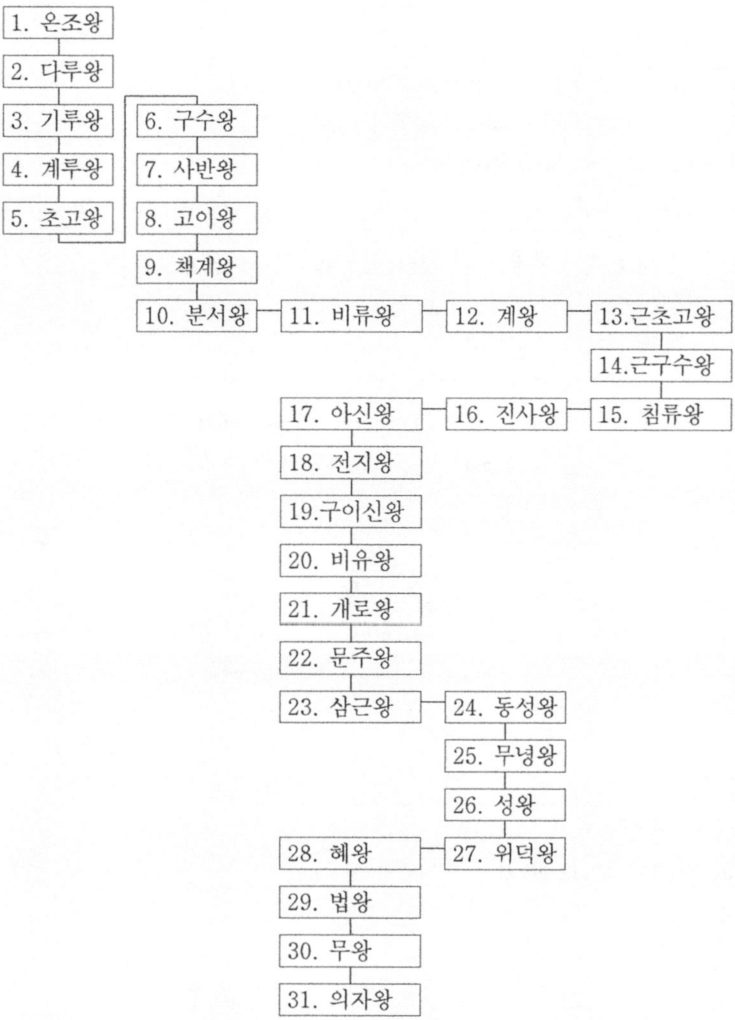

1. 온조왕
2. 다루왕
3. 기루왕
4. 계루왕
5. 초고왕
6. 구수왕
7. 사반왕
8. 고이왕
9. 책계왕
10. 분서왕
11. 비류왕
12. 계왕
13.근초고왕
14.근구수왕
15. 침류왕
16. 진사왕
17. 아신왕
18. 전지왕
19.구이신왕
20. 비유왕
21. 개로왕
22. 문주왕
23. 삼근왕
24. 동성왕
25. 무녕왕
26. 성왕
27. 위덕왕
28. 혜왕
29. 법왕
30. 무왕
31. 의자왕

왕조계보도(王朝系譜圖)

신 라

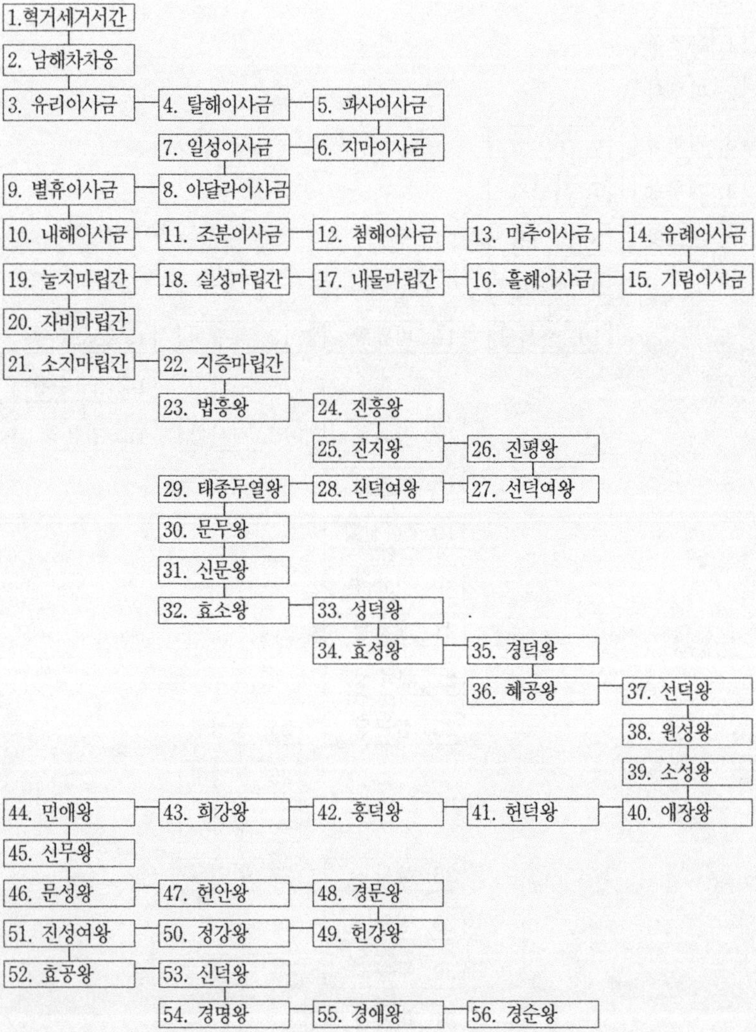

발 해

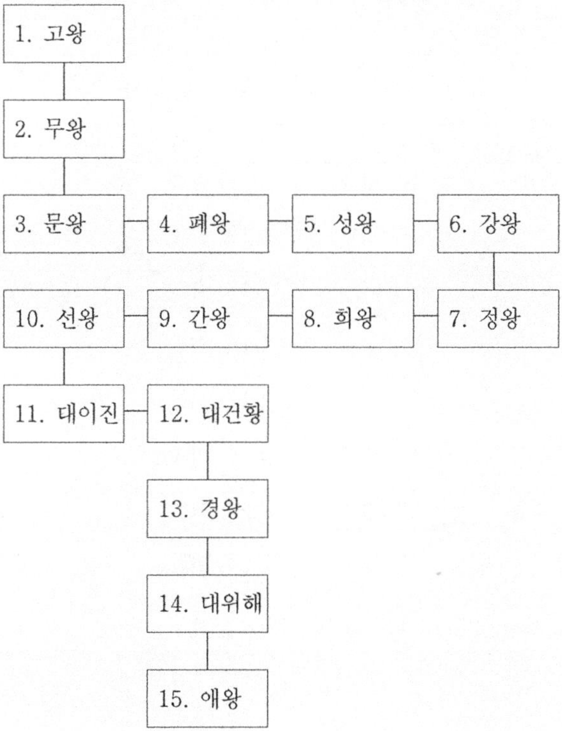
1. 고왕
2. 무왕
3. 문왕
4. 폐왕
5. 성왕
6. 강왕
7. 정왕
8. 희왕
9. 간왕
10. 선왕
11. 대이진
12. 대건황
13. 경왕
14. 대위해
15. 애왕

왕조계보도(王朝系譜圖)

고 려

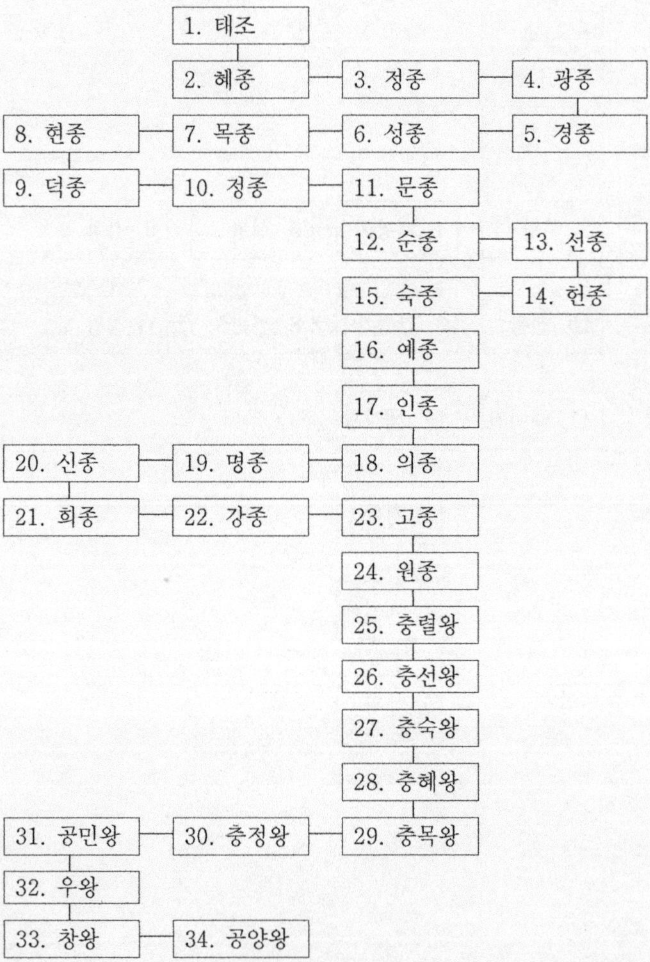

조 선

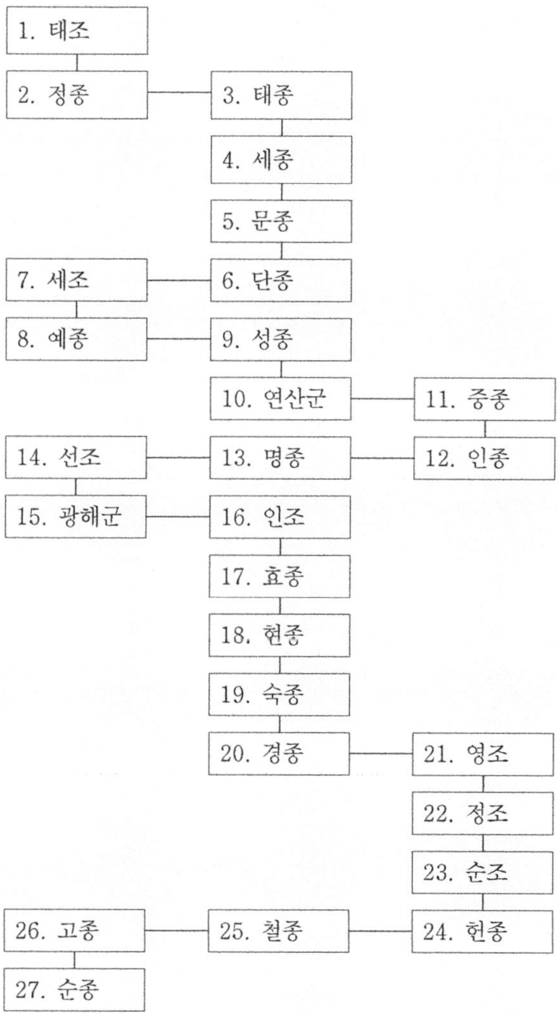
1. 태조
2. 정종
3. 태종
4. 세종
5. 문종
6. 단종
7. 세조
8. 예종
9. 성종
10. 연산군
11. 중종
12. 인종
13. 명종
14. 선조
15. 광해군
16. 인조
17. 효종
18. 현종
19. 숙종
20. 경종
21. 영조
22. 정조
23. 순조
24. 헌종
25. 철종
26. 고종
27. 순종

연대대조표

年代對照表

1. 연대대조표

年數	檀紀	西紀	新羅	百濟	干支	年數	檀紀	西紀	新羅	百濟	干支	年數	檀紀	西紀	新羅	百濟	干支
2051	2277	前57	始祖	五鳳	甲子	1991	2337	4	南解	22	甲子	1931	2397	64	8	37	甲子
2050	2278	″56	2	2	乙丑	1990	2338	5	2	23	乙丑	1930	2398	65	9	38	乙丑
2049	2279	″55	3	3	丙寅	1989	2339	6	3	24	丙寅	1929	2399	66	10	39	丙寅
2048	2280	″54	4	4	丁卯	1988	2340	7	4	25	丁卯	1928	2400	67	11	40	丁卯
2047	2281	″53	5	甘露	戊辰	1987	2341	8	5	26	戊辰	1927	2401	68	12	41	戊辰
2046	2282	″52	6	2	己巳	1986	2342	9	6	27	己巳	1926	2402	69	13	42	己巳
2045	2283	″51	7	3	庚午	1985	2343	10	7	28	庚午	1925	2403	70	14	43	庚午
2044	2284	″50	8	4	辛未	1984	2344	11	8	29	辛未	1924	2404	71	15	44	辛未
2043	2285	″49	9	黃龍	壬申	1983	2345	12	9	30	壬申	1923	2405	72	16	45	壬申
2042	2286	″48	10	初元	癸酉	1982	2346	13	10	31	癸酉	1922	2406	73	17	46	癸酉
2041	2287	″47	11	2	甲戌	1981	2347	14	11	32	甲戌	1921	2407	74	18	47	甲戌
2040	2288	″46	12	3	乙亥	1980	2348	15	12	33	乙亥	1920	2408	75	19	48	乙亥
2039	2289	″45	13	4	丙子	1979	2349	16	13	34	丙子	1919	2409	76	20	49	丙子
2038	2290	″44	14	5	丁丑	1978	2350	17	14	35	丁丑	1918	2410	77	21	己婁	丁丑
2037	2291	″43	15	永光	戊寅	1977	2351	18	15	36	戊寅	1917	2411	78	22	2	戊寅
2036	2292	″42	16	2	己卯	1976	2352	19	16	37	己卯	1916	2412	79	23	3	己卯
2035	2293	″41	17	3	庚辰	1975	2353	20	17	38	庚辰	1915	2413	80	婆娑	4	庚辰
2034	2294	″40	18	4	辛巳	1974	2354	21	18	39	辛巳	1914	2414	81	2	5	辛巳
2033	2295	″39	19	5	壬午	1973	2355	22	19	40	壬午	1913	2415	82	3	6	壬午
2032	2296	″38	20	建昭	癸未	1972	2356	23	20	41	癸未	1912	2416	83	4	7	癸未
2031	2297	″37	21	2	甲申	1971	2357	24	儒理	42	甲申	1911	2417	84	5	8	甲申
2030	2298	″36	22	3	乙酉	1970	2358	25	2	43	乙酉	1910	2418	85	6	9	乙酉
2029	2299	″35	23	4	丙戌	1969	2359	26	3	44	丙戌	1909	2419	86	7	10	丙戌
2028	2300	″34	24	5	丁亥	1968	2360	27	4	45	丁亥	1908	2420	87	8	11	丁亥
2027	2301	″33	25	竟寧	戊子	1967	2361	28	5	多婁	戊子	1907	2421	88	9	12	戊子
2026	2302	″32	26	建始	己丑	1966	2362	29	6	2	己丑	1906	2422	89	10	13	己丑
2025	2303	″31	27	2	庚寅	1965	2363	30	7	3	庚寅	1905	2423	90	11	14	庚寅
2024	2304	″30	28	3	辛卯	1964	2364	31	8	4	辛卯	1904	2424	91	12	15	辛卯
2023	2305	″29	29	4	壬辰	1963	2365	32	9	5	壬辰	1903	2425	92	13	16	壬辰
2022	2306	″28	30	河平	癸巳	1962	2366	33	10	6	癸巳	1902	2426	93	14	17	癸巳
2021	2307	″27	31	2	甲午	1961	2367	34	11	7	甲午	1901	2427	94	15	18	甲午
2020	2308	″26	32	3	乙未	1960	2368	35	12	8	乙未	1900	2428	95	16	19	乙未
2019	2309	″25	33	4	丙申	1959	2369	36	13	9	丙申	1899	2429	96	17	20	丙申
2018	2310	″24	34	陽朔	丁酉	1958	2370	37	14	10	丁酉	1898	2430	97	18	21	丁酉
2017	2311	″23	35	2	戊戌	1957	2371	38	15	11	戊戌	1897	2431	98	19	22	戊戌
2016	2312	″22	36	3	己亥	1956	2372	39	16	12	己亥	1896	2432	99	20	23	己亥
2015	2313	″21	37	4	庚子	1955	2373	40	17	13	庚子	1895	2433	100	21	24	庚子
2014	2314	″20	38	鴻嘉	辛丑	1954	2374	41	18	14	辛丑	1894	2434	101	22	25	辛丑
2013	2315	″19	39	2	壬寅	1953	2375	42	19	15	壬寅	1893	2435	102	23	26	壬寅
2012	2316	″18	40	百濟始祖	癸卯	1952	2376	43	20	16	癸卯	1892	2436	103	24	27	癸卯
2011	2317	″17	41	2	甲辰	1951	2377	44	21	17	甲辰	1891	2437	104	25	28	甲辰
2010	2318	″16	42	3	乙巳	1950	2378	45	22	18	乙巳	1890	2438	105	26	29	乙巳
2009	2319	″15	43	4	丙午	1949	2379	46	23	19	丙午	1889	2439	106	27	30	丙午
2008	2320	″14	44	5	丁未	1948	2380	47	24	20	丁未	1888	2440	107	28	31	丁未
2007	2321	″13	45	6	戊申	1947	2381	48	25	21	戊申	1887	2441	108	29	32	戊申
2006	2322	″12	46	7	己酉	1946	2382	49	26	22	己酉	1886	2442	109	30	33	己酉
2005	2323	″11	47	8	庚戌	1945	2383	50	27	23	庚戌	1885	2443	110	31	34	庚戌
2004	2324	″10	48	9	辛亥	1944	2384	51	28	24	辛亥	1884	2444	111	32	35	辛亥
2003	2325	″ 9	49	10	壬子	1943	2385	52	29	25	壬子	1883	2445	112	祇摩	36	壬子
2002	2326	″ 8	50	11	癸丑	1942	2386	53	30	26	癸丑	1882	2446	113	2	37	癸丑
2001	2327	″ 7	51	12	甲寅	1941	2387	54	31	27	甲寅	1881	2447	114	3	38	甲寅
2000	2328	″ 6	52	13	乙卯	1940	2388	55	32	28	乙卯	1880	2448	115	4	39	乙卯
1999	2329	″ 5	53	14	丙辰	1939	2389	56	33	29	丙辰	1879	2449	116	5	40	丙辰
1998	2330	″ 4	54	15	丁巳	1938	2390	57	脫解	30	丁巳	1878	2450	117	6	41	丁巳
1997	2331	″ 3	55	16	戊午	1937	2391	58	2	31	戊午	1877	2451	118	7	42	戊午
1996	2332	″ 2	56	17	己未	1936	2392	59	3	32	己未	1876	2452	119	8	43	己未
1995	2333	″ 1	57	18	庚申	1935	2393	60	4	33	庚申	1875	2453	120	9	44	庚申
1994	2334	西紀	58	19	辛酉	1934	2394	61	5	34	辛酉	1874	2454	121	10	45	辛酉
1993	2335	″ 2	59	20	壬戌	1933	2395	62	6	35	壬戌	1873	2455	122	11	46	壬戌
1992	2336	″ 3	60	21	癸亥	1932	2396	63	7	36	癸亥	1872	2456	123	12	47	癸亥

연대대조표(年代對照表)

年數	檀紀	西紀	新羅	百濟	干支	年數	檀紀	西紀	新羅	百濟	干支	年數	檀紀	西紀	新羅	百濟	干支
1871	2457	124	13	48	甲子	1811	2517	184	伐休	19	甲子	1751	2577	244	15	11	甲子
1870	2458	125	14	49	乙丑	1810	2518	185	2	20	乙丑	1750	2578	245	16	12	乙丑
1869	2459	126	15	50	丙寅	1809	2519	186	3	21	丙寅	1749	2579	246	17	13	丙寅
1868	2460	127	16	51	丁卯	1808	2520	187	4	22	丁卯	1748	2580	247	沾解	14	丁卯
1867	2461	128	17	蓋婁	戊辰	1807	2521	188	5	23	戊辰	1747	2581	248	2	15	戊辰
1866	2462	129	18	2	己巳	1806	2522	189	6	24	己巳	1746	2582	249	3	16	己巳
1865	2463	130	19	3	庚午	1805	2523	190	7	25	庚午	1745	2583	250	4	17	庚午
1864	2464	131	20	4	辛未	1804	2524	191	8	26	辛未	1744	2584	251	5	18	辛未
1863	2465	132	21	5	壬申	1803	2525	192	9	27	壬申	1743	2585	252	6	19	壬申
1862	2466	133	22	6	癸酉	1802	2526	193	10	28	癸酉	1742	2586	253	7	20	癸酉
1861	2467	134	逸聖	7	甲戌	1801	2527	194	11	29	甲戌	1741	2587	254	8	21	甲戌
1860	2468	135	2	8	乙亥	1800	2528	195	12	30	乙亥	1740	2588	255	9	22	乙亥
1859	2469	136	3	9	丙子	1799	2529	196	奈解	31	丙子	1739	2589	256	10	23	丙子
1858	2470	137	4	10	丁丑	1798	2530	197	2	32	丁丑	1738	2590	257	11	24	丁丑
1857	2471	138	5	11	戊寅	1797	2531	198	3	33	戊寅己	1737	2591	258	12	25	戊寅
1856	2472	139	6	12	己卯	1796	2532	199	4	34	卯	1736	2592	259	13	26	己卯
1855	2473	140	7	13	庚辰	1795	2533	200	5	35	庚辰	1735	2593	260	14	27	庚辰
1854	2474	141	8	14	辛巳	1794	2534	201	6	36	辛巳	1734	2594	261	15	28	辛巳
1853	2475	142	9	15	壬午	1793	2535	202	7	37	壬午	1733	2595	262	味鄒	29	壬午
1852	2476	143	10	16	癸未	1792	2536	203	8	38	癸未	1732	2596	263	2	30	癸未
1851	2477	144	11	17	甲申	1791	2537	204	9	39	甲申	1731	2597	264	3	31	甲申
1850	2478	145	12	18	乙酉	1790	2538	205	10	40	乙酉	1730	2598	265	4	32	乙酉
1849	2479	146	13	19	丙戌	1789	2539	206	11	41	丙戌	1729	2599	266	5	33	丙戌
1848	2480	147	14	20	丁亥	1788	2540	207	12	42	丁亥	1728	2600	267	6	34	丁亥
1847	2481	148	15	21	戊子	1787	2541	208	13	43	戊子	1727	2601	268	7	36	戊子
1846	2482	149	16	22	己丑	1786	2542	209	14	44	己丑	1726	2602	269	8	36	己丑
1845	2483	150	17	23	庚寅	1785	2543	210	15	45	庚寅	1725	2603	270	9	37	庚寅
1844	2484	151	18	24	辛卯	1784	2544	211	16	46	辛卯	1724	2604	271	10	38	辛卯
1843	2485	152	19	25	壬辰	1783	2545	212	17	47	壬辰	1723	2605	272	11	39	壬辰
1842	2486	153	20	26	癸巳	1782	2546	213	18	48	癸巳	1722	2606	273	12	40	癸巳
1841	2487	154	阿達	27	甲午	1781	2547	214	19	仇首	甲午	1721	2607	274	13	41	甲午
1840	2488	155	羅2	28	乙未	1780	2548	215	20	2	乙未	1720	2608	275	14	42	乙未
1839	2489	156	3	29	丙申	1779	2549	216	21	3	丙申	1719	2609	276	15	43	丙申
1838	2490	157	4	30	丁酉	1778	2550	217	22	4	丁酉	1718	2610	277	16	44	丁酉
1837	2491	158	5	31	戊戌	1777	2551	218	23	5	戊戌	1717	2611	278	17	45	戊戌
1836	2492	159	6	32	己亥	1776	2552	219	24	6	己亥	1716	2612	279	18	46	己亥
1835	2493	160	7	33	庚子	1775	2553	220	25	7	庚子	1715	2613	280	19	47	庚子
1834	2494	161	8	34	辛丑	1774	2554	221	26	8	辛丑	1714	2614	281	20	48	辛丑
1833	2495	162	9	35	壬寅	1773	2555	222	27	9	壬寅	1713	2615	282	21	49	壬寅
1832	2496	163	10	36	癸卯	1772	2556	223	28	10	癸卯	1712	2616	283	22	50	癸卯
1831	2497	164	11	37	甲辰	1771	2557	224	29	11	甲辰	1711	2617	284	儒禮	51	甲辰
1830	2498	165	12	38	乙巳	1770	2558	225	30	12	乙巳	1710	2618	285	2	52	乙巳
1829	2499	166	13	肖古	丙午	1769	2559	226	31	13	丙午	1709	2619	286	3	責稽	丙午
1828	2500	167	14	2	丁未	1768	2560	227	32	14	丁未	1708	2620	287	4	2	丁未
1827	2501	168	15	3	戊申	1767	2561	228	33	15	戊申	1707	2621	288	5	3	戊申
1826	2502	169	16	4	己酉	1766	2562	229	34	16	己酉	1706	2622	289	6	4	己酉
1825	2503	170	17	5	庚戌	1765	2563	230	助賁	17	庚戌	1705	2623	290	7	5	庚戌
1824	2504	171	18	6	辛亥	1764	2564	231	2	18	辛亥	1704	2624	291	8	6	辛亥
1823	2505	172	19	7	壬子	1763	2565	232	3	19	壬子	1703	2625	292	9	7	壬子
1822	2506	173	20	8	癸丑	1762	2566	233	4	20	癸丑	1702	2626	293	10	8	癸丑
1821	2507	174	21	9	甲寅	1761	2567	234	5	沙伴古爾	甲寅	1701	2627	294	11	9	甲寅
1820	2508	175	22	10	乙卯	1760	2568	235	6	2	乙卯	1700	2628	295	12	10	乙卯
1819	2509	176	23	11	丙辰	1759	2569	236	7	3	丙辰	1699	2629	296	13	11	丙辰
1818	2510	177	24	12	丁巳	1758	2570	237	8	4	丁巳	1698	2630	297	14	12	丁巳
1817	2511	178	25	13	戊午	1757	2571	238	9	5	戊午	1697	2631	298	基臨	汾西	戊午
1816	2512	179	26	14	己未	1756	2572	239	10	6	己未	1696	2632	299	2	2	己未
1815	2513	180	27	15	庚申	1755	2573	240	11	7	庚申	1695	2633	300	3	3	庚申
1814	2514	181	28	16	辛酉	1754	2574	241	12	8	辛酉	1694	2634	301	4	4	辛酉
1813	2515	182	29	17	壬戌	1753	2575	242	13	9	壬戌	1693	2635	302	5	5	壬戌
1812	2516	183	30	18	癸亥	1752	2576	243	14	10	癸亥	1692	2636	303	6	6	癸亥

年數	檀紀	西紀	新羅	百濟	干支	年數	檀紀	西紀	新羅	百濟	干支	年數	檀紀	西紀	新羅	百濟	干支
1691	2637	304	7	比流	甲子	1631	2697	364	9	19	甲子	1571	2757	424	8	5	甲子
1690	2638	305	8	2	乙丑	1630	2698	365	10	20	乙丑	1570	2758	425	9	6	乙丑
1689	2639	306	9	3	丙寅	1629	2699	366	11	21	丙寅	1569	2759	426	10	7	丙寅
1688	2640	307	10	4	丁卯	1628	2700	367	12	22	丁卯	1568	2760	427	11	毗有	丁卯
1687	2641	308	11	5	戊辰	1627	2701	368	13	23	戊辰	1567	2761	428	12	2	戊辰
1686	2642	309	12	6	己巳	1626	2702	369	14	24	己巳	1566	2762	429	13	3	己巳
1685	2643	310	訖解	7	庚午	1625	2703	370	15	25	庚午	1565	2763	430	14	4	庚午
1684	2644	311	2	8	辛未	1624	2704	371	16	26	辛未	1564	2764	431	15	5	辛未
1683	2645	312	3	9	壬申	1623	2705	372	17	27	壬申	1563	2765	432	16	6	壬申
1682	2646	313	4	10	癸酉	1622	2706	373	18	28	癸酉	1562	2766	433	17	7	癸酉
1681	2647	314	5	11	甲戌	1621	2707	374	19	29	甲戌	1561	2767	434	18	8	甲戌
1680	2648	315	6	12	乙亥	1620	2708	375	20	近仇	乙亥	1560	2768	435	19	9	乙亥
1679	2649	316	7	13	丙子	1619	2709	376	21	首王	丙子	1559	2769	436	20	10	丙子
1678	2650	317	8	14	丁丑	1618	2710	377	22	3	丁丑	1558	2770	437	21	11	丁丑
1677	2651	318	9	15	戊寅	1617	2711	378	23	4	戊寅	1557	2771	438	22	12	戊寅
1676	2652	319	10	16	己卯	1616	2712	379	24	5	己卯	1556	2772	439	23	13	己卯
1675	2653	320	11	17	庚辰	1615	2713	380	25	6	庚辰	1555	2773	440	24	14	庚辰
1674	2654	321	12	18	辛巳	1614	2714	381	26	7	辛巳	1554	2774	441	25	15	辛巳
1673	2655	322	13	19	壬午	1613	2715	382	27	8	壬午	1553	2775	442	26	16	壬午
1672	2656	323	14	20	癸未	1612	2716	383	28	9	癸未	1552	2776	443	27	17	癸未
1671	2657	324	15	21	甲申	1611	2717	384	29	枕流	甲申	1551	2777	444	28	18	甲申
1670	2658	325	16	22	乙酉	1610	2718	385	30	辰斯	乙酉	1550	2778	445	29	19	乙酉
1669	2659	326	17	23	丙戌	1609	2719	386	31	2	丙戌	1549	2779	446	30	20	丙戌
1668	2660	327	18	24	丁亥	1608	2720	387	32	3	丁亥	1548	2780	447	31	21	丁亥
1667	2661	328	19	25	戊子	1607	2721	388	33	4	戊子	1547	2781	448	32	22	戊子
1666	2662	329	20	26	己丑	1606	2722	389	34	5	己丑	1546	2782	449	33	23	己丑
1665	2663	330	21	27	庚寅	1605	2723	390	35	6	庚寅	1545	2783	450	34	24	庚寅
1664	2664	331	22	28	辛卯	1604	2724	391	36	7	辛卯	1544	2784	451	35	25	辛卯
1663	2665	332	23	29	壬辰	1603	2725	392	37	阿莘	壬辰	1543	2785	452	36	26	壬辰
1662	2666	333	24	30	癸巳	1602	2726	393	38	2	癸巳	1542	2786	453	37	27	癸巳
1661	2667	334	25	31	甲午	1601	2727	394	39	3	甲午	1541	2787	454	38	28	甲午
1660	2668	335	26	32	乙未	1600	2728	395	40	4	乙未	1540	2788	455	39	蓋鹵	乙未
1659	2669	336	27	33	丙申	1599	2729	396	41	5	丙申	1539	2789	456	40	2	丙申
1658	2670	337	28	34	丁酉	1598	2730	397	42	6	丁酉	1538	2790	457	41	3	丁酉
1657	2671	338	29	35	戊戌	1597	2731	398	43	7	戊戌	1537	2791	458	慈悲	4	戊戌
1656	2672	339	30	36	己亥	1596	2732	399	44	8	己亥	1536	2792	459	2	5	己亥
1655	2673	340	31	37	庚子	1595	2733	400	45	9	庚子	1535	2793	460	3	6	庚子
1654	2674	341	32	38	辛丑	1594	2734	401	46	10	辛丑	1534	2794	461	4	7	辛丑
1653	2675	342	33	39	壬寅	1593	2735	402	實聖	11	壬寅	1533	2795	462	5	8	壬寅
1652	2676	343	34	40	癸卯	1592	2736	403	2	12	癸卯	1532	2796	463	6	9	癸卯
1651	2677	344	35	契王	甲辰	1591	2737	404	3	13	甲辰	1531	2797	464	7	10	甲辰
1650	2678	345	36	2	乙巳	1590	2738	405	4	腆支	乙巳	1530	2798	465	8	11	乙巳
1649	2679	346	37	近肖	丙午	1589	2739	406	5	2	丙午	1529	2799	466	9	12	丙午
1648	2680	347	38	古王	丁未	1588	2740	407	6	3	丁未	1528	2800	467	10	13	丁未
1647	2681	348	39	3	戊申	1587	2741	408	7	4	戊申	1527	2801	468	11	14	戊申
1646	2682	349	40	4	己酉	1586	2742	409	8	5	己酉	1526	2802	469	12	15	己酉
1645	2683	350	41	5	庚戌	1585	2543	410	9	6	庚戌	1525	2803	470	13	16	庚戌
1644	2684	351	42	6	辛亥	1584	2744	411	10	7	辛亥	1524	2804	471	14	17	辛亥
1643	2685	352	43	7	壬子	1583	2745	412	11	8	壬子	1523	2805	472	15	18	壬子
1642	2686	353	44	8	癸丑	1582	2746	413	12	9	癸丑	1522	2806	473	16	19	癸丑
1641	2687	354	45	9	甲寅	1581	2747	414	13	10	甲寅	1521	2807	474	17	20	甲寅
1640	2688	355	46	10	乙卯	1580	2748	415	14	11	乙卯	1520	2808	475	18	文周	乙卯
1639	2689	356	奈勿	11	丙辰	1579	2749	416	15	12	丙辰	1519	2809	476	19	2	丙辰
1638	2690	357	2	12	丁巳	1578	2750	417	訥祇	13	丁巳	1518	2810	477	20	三斤	丁巳
1637	2691	358	3	13	戊午	1577	2751	418	2	14	戊午	1517	2811	478	21	2	戊午
1636	2692	359	4	14	己未	1576	2752	419	3	15	己未	1516	2812	479	炤知	東城	己未
1635	2693	360	5	15	庚申	1575	2753	420	4	久爾	庚申	1515	2813	480	2	2	庚申
1634	2694	361	6	16	辛酉	1574	2754	421	5	辛王	辛酉	1514	2814	481	3	3	辛酉
1633	2695	362	7	17	壬戌	1573	2755	422	6	3	壬戌	1513	2815	482	4	4	壬戌
1632	2696	363	8	18	癸亥	1572	2756	423	7	4	癸亥	1512	2816	483	5	5	癸亥

연대대조표(年代對照表)

年數	檀紀	西紀	新羅	百濟	干支	年數	檀紀	西紀	新羅	百濟	干支	年數	檀紀	西紀	新羅	百濟	干支
1511	2817	484	6	6	甲子	1451	2877	544	5	22	甲子	1391	2937	604	26	5	甲子
1510	2818	485	7	7	乙丑	1450	2878	545	6	23	乙丑	1390	2938	605	27	6	乙丑
1509	2819	486	8	8	丙寅	1449	2879	546	7	24	丙寅	1389	2939	606	28	7	丙寅
1508	2820	487	9	9	丁卯	1448	2880	547	8	25	丁卯	1388	2940	607	29	8	丁卯
1507	2821	488	10	10	戊辰	1447	2881	548	9	26	戊辰	1387	2941	608	30	9	戊辰
1506	2822	489	11	11	己巳	1446	2882	549	10	27	己巳	1386	2942	609	31	10	己巳
1505	2823	490	12	12	庚午	1445	2883	550	11	28	庚午	1385	2943	610	32	11	庚午
1504	2824	491	13	13	辛未	1444	2884	551	12	29	辛未	1384	2944	611	33	12	辛未
1503	2825	492	14	14	壬申	1443	2885	552	13	30	壬申	1383	2945	612	34	13	壬申
1502	2826	493	15	15	癸酉	1442	2886	553	14	31	癸酉	1382	2946	613	35	14	癸酉
1501	2827	494	16	16	甲戌	1441	2887	554	15	威德	甲戌	1381	2947	614	36	15	甲戌
1500	2828	495	17	17	乙亥	1440	2888	555	16	2	乙亥	1380	2948	615	37	16	乙亥
1499	2829	496	18	18	丙子	1439	2889	556	17	3	丙子	1379	2949	616	38	17	丙子
1498	2830	497	19	19	丁丑	1438	2890	557	18	4	丁丑	1378	2950	617	39	18	丁丑
1497	2831	498	20	20	戊寅	1437	2891	558	19	5	戊寅己	1377	2951	618	40	19	戊寅
1496	2832	499	21	21	己卯	1436	2892	559	20	6	卯	1376	2952	619	41	20	己卯
1495	2833	500	智證	22	庚辰	1435	2893	560	21	7	庚辰	1375	2953	620	42	21	庚辰
1494	2834	501	2	武寧	辛巳	1434	2894	561	22	8	辛巳	1374	2954	621	43	22	辛巳
1493	2835	502	3	2	壬午	1433	2895	562	23	9	壬午	1373	2955	622	44	23	壬午
1492	2836	503	4	3	癸未	1432	2896	563	24	10	癸未	1372	2956	623	45	24	癸未
1491	2837	504	5	4	甲申	1431	2897	564	25	11	甲申	1371	2957	624	46	25	甲申
1490	2838	505	6	5	乙酉	1430	2898	565	26	12	乙酉	1370	2958	625	47	26	乙酉
1489	2839	506	7	6	丙戌	1429	2899	566	27	13	丙戌	1369	2959	626	48	27	丙戌
1488	2840	507	8	7	丁亥	1428	2900	567	28	14	丁亥	1368	2960	627	49	28	丁亥
1487	2841	508	9	8	戊子	1427	2901	568	29	15	戊子	1367	2961	628	50	29	戊子
1486	2842	509	10	9	己丑	1426	2902	569	30	16	己丑	1366	2962	629	51	30	己丑
1485	2843	510	11	10	庚寅	1425	2903	570	31	17	庚寅	1365	2963	630	52	31	庚寅
1484	2844	511	12	11	辛卯	1424	2904	571	32	18	辛卯	1364	2964	631	53	32	辛卯
1483	2845	512	13	12	壬辰	1423	2905	572	33	19	壬辰	1363	2965	632	善德	33	壬辰
1482	2846	513	14	13	癸巳	1422	2906	573	34	20	癸巳	1362	2966	633	2	34	癸巳
1481	2847	514	法興	14	甲午	1421	2907	574	35	21	甲午	1361	2967	634	3	35	甲午
1480	2848	515	2	15	乙未	1420	2908	575	36	22	乙未	1360	2968	635	4	36	乙未
1479	2849	516	3	16	丙申	1419	2909	576	眞智	23	丙申	1359	2969	636	5	37	丙申
1478	2850	517	4	17	丁酉	1418	2910	577	2	24	丁酉	1358	2970	637	6	38	丁酉
1477	2851	518	5	18	戊戌	1417	2911	578	3	25	戊戌	1357	2971	638	7	39	戊戌
1476	2852	519	6	19	己亥	1416	2912	579	眞平	26	己亥	1356	2972	639	8	40	己亥
1475	2853	520	7	20	庚子	1415	2913	580	2	27	庚子	1355	2973	640	9	41	庚子
1474	2854	521	8	21	辛丑	1414	2914	581	3	28	辛丑	1354	2974	641	10	義慈	辛丑
1473	2855	522	9	22	壬寅	1413	2915	581	4	29	壬寅	1353	2975	642	11	2	壬寅
1472	2856	523	10	聖王	癸卯	1412	2916	583	5	30	癸卯	1352	2976	643	12	3	癸卯
1471	2857	524	11	2	甲辰	1411	2917	584	6	31	甲辰	1351	2977	644	13	4	甲辰
1470	2858	525	12	3	乙巳	1410	2918	585	7	32	乙巳	1350	2978	645	14	5	乙巳
1469	2859	526	13	4	丙午	1409	2919	586	8	33	丙午	1349	2979	646	15	6	丙午
1468	2860	527	14	5	丁未	1408	2920	587	9	34	丁未	1348	2980	647	眞德	7	丁未
1467	2861	528	15	6	戊申	1407	2921	588	10	35	戊申	1347	2981	648	2	8	戊申
1466	2862	529	16	7	己酉	1406	2922	589	11	36	己酉	1346	2982	649	3	9	己酉
1465	2863	530	17	8	庚戌	1405	2923	590	12	37	庚戌	1345	2983	650	4	10	庚戌
1464	2864	531	18	9	辛亥	1404	2924	591	13	38	辛亥	1344	2984	651	5	11	辛亥
1463	2865	532	19	10	壬子	1403	2925	592	14	39	壬子	1343	2985	652	6	12	壬子
1462	2866	533	20	11	癸丑	1402	2926	593	15	40	癸丑	1342	2986	653	7	13	癸丑
1461	2867	534	21	12	甲寅	1401	2927	594	16	41	甲寅	1341	2987	654	武烈	14	甲寅
1460	2868	535	22	13	乙卯	1400	2928	595	17	42	乙卯	1340	2988	655	2	15	乙卯
1459	2869	536	23	14	丙辰	1399	2929	596	18	43	丙辰	1339	2989	656	3	16	丙辰
1458	2870	537	24	15	丁巳	1398	2930	597	19	44	丁巳	1338	2990	657	4	17	丁巳
1457	2871	538	25	16	戊午	1397	2931	598	20	惠王	戊午	1337	2991	658	5	18	戊午
1456	2872	539	26	17	己未	1396	2932	599	21	法王	己未	1336	2992	659	6	19	己未
1455	2873	540	眞興	18	庚申	1395	2933	600	22	武王	庚申	1335	2993	660	7	20	庚申
1454	2874	541	2	19	辛酉	1394	2934	601	23	2	辛酉	1334	2994	661	文武		辛酉
1453	2875	542	3	20	壬戌	1393	2935	602	24	3	壬戌	1333	2995	662	2		壬戌
1452	2876	543	4	21	癸亥	1392	2936	603	25	4	癸亥	1332	2996	663	3		癸亥

年數	檀紀	西紀	新羅	渤海	干支	年數	檀紀	西紀	新羅	渤海	干支	年數	檀紀	西紀	新羅	渤海	干支
1331	2997	664	4		甲子	1271	3057	724	23	6	甲子	1211	3117	784	5	48	甲子
1330	2998	665	5		乙丑	1270	3058	725	24	7	乙丑	1210	3118	785	元聖	49	乙丑
1329	2999	666	6		丙寅	1269	3059	726	25	8	丙寅	1209	3119	786	2	50	丙寅
1328	3000	667	7		丁卯	1268	3060	727	26	9	丁卯	1208	3120	787	3	51	丁卯
1327	3001	668	8		戊辰	1267	3061	728	27	10	戊辰	1207	3121	788	4	52	戊辰
1326	3002	669	9		己巳	1266	3062	729	28	11	己巳	1206	3122	789	5	53	己巳
1325	3003	670	10		庚午	1265	3063	730	29	12	庚午	1205	3123	790	6	54	庚午
1324	3004	671	11		辛未	1264	3064	731	30	13	辛未	1204	3124	791	7	55	辛未
1323	3005	672	12		壬申	1263	3065	732	31	14	壬申	1203	3125	792	8	56	壬申
1322	3006	673	13		癸酉	1262	3066	733	32	15	癸酉	1202	3126	793	9	廢王 元義	癸酉
1321	3007	674	14		甲戌	1261	3067	734	33	16	甲戌	1201	3127	794	10	成王	甲戌
1320	3008	675	15		乙亥	1260	3068	735	34	17	乙亥	1200	3128	795	11	康王	乙亥
1319	3009	676	16		丙子	1259	3069	736	35	18	丙子	1199	3129	796	12	2	丙子
1318	3010	677	17		丁丑	1258	3070	737	孝成	文王	丁丑	1198	3130	797	13	3	丁丑
1317	3011	678	18		戊寅	1257	3071	738	2	大興	戊寅己	1197	3131	798	14	4	戊寅
1316	3012	679	19		己卯	1256	3072	739	3	3	卯	1196	3132	799	昭聖	5	己卯
1315	3013	680	20		庚辰	1255	3073	740	4	4	庚辰	1195	3133	800	哀莊	6	庚辰
1314	3014	681	21		辛巳	1254	3074	741	5	5	辛巳	1194	3134	801	2	7	辛巳
1313	3015	682	神2		壬午	1253	3075	742	景德	6	壬午	1193	3135	802	3	8	壬午
1312	3016	683	文3		癸未	1252	3076	743	2	7	癸未	1192	3136	803	4	9	癸未
1311	3017	684	4		甲申	1251	3077	744	3	8	甲申	1191	3137	804	5	10	甲申
1310	3018	685	5		乙酉	1250	3078	745	4	9	乙酉	1190	3138	805	6	11	乙酉
1309	3019	686	6		丙戌	1249	3079	746	5	10	丙戌	1189	3139	806	7	12	丙戌
1308	3020	687	7		丁亥	1248	3080	747	6	11	丁亥	1188	3140	807	8	13	丁亥
1307	3021	688	8		戊子	1247	3081	748	7	12	戊子	1187	3141	808	9	14	戊子
1306	3022	689	9		己丑	1246	3082	749	8	13	己丑	1186	3142	809	憲德	定王	己丑
1305	3023	690	10		庚寅	1245	3083	750	9	14	庚寅	1185	3143	810	2	2	庚寅
1304	3024	691	11		辛卯	1244	3084	751	10	15	辛卯	1184	3144	811	3	3	辛卯
1303	3025	692	孝昭		壬辰	1243	3085	752	11	16	壬辰	1183	3145	812	4	4	壬辰
1302	3026	693	2		癸巳	1242	3086	753	12	17	癸巳	1182	3146	813	5	僖王	癸巳
1301	3027	694	3		甲午	1241	3087	754	13	18	甲午	1181	3147	814	6	2	甲午
1300	3028	695	4		乙未	1240	3088	755	14	19	乙未	1180	3148	815	7	3	乙未
1299	3029	696	5		丙申	1239	3089	756	15	20	丙申	1179	3149	816	8	4	丙申
1298	3030	697	6		丁酉	1238	3090	757	16	21	丁酉	1178	3150	817	9	簡王	丁酉
1297	3031	698	7		戊戌	1237	3091	758	17	22	戊戌	1177	3151	818	10	宣王	戊戌
1296	3032	699	8	高王	己亥	1236	3092	759	18	23	己亥	1176	3152	819	11	2	己亥
1295	3033	700	9	2	庚子	1235	3093	760	19	24	庚子	1175	3153	820	12	3	庚子
1294	3034	701	10	律 3	辛丑	1234	3094	761	20	25	辛丑	1174	3154	821	13	4	辛丑
1293	3035	702	聖德	國 4	壬寅	1233	3095	762	21	26	壬寅	1173	3155	822	14	5	壬寅
1292	3036	703	2	5	癸卯	1232	3096	763	22	27	癸卯	1172	3156	823	15	6	癸卯
1291	3037	704	3	6	甲辰	1231	3097	764	23	28	甲辰	1171	3157	824	16	7	甲辰
1290	3038	705	4	7	乙巳	1230	3098	765	惠恭	29	乙巳	1170	3158	825	17	8	乙巳
1289	3039	706	5	8	丙午	1229	3099	766	2	30	丙午	1169	3159	826	興德	9	丙午
1288	3040	707	6	9	丁未	1228	3100	767	3	31	丁未	1168	3160	827	2	10	丁未
1287	3041	708	7	10	戊申	1227	3101	768	4	32	戊申	1167	3161	828	3	11	戊申
1286	3042	709	8	11	己酉	1226	3102	769	5	33	己酉	1166	3162	829	4	12	己酉
1285	3043	710	9	12	庚戌	1225	3103	770	6	34	庚戌	1165	3163	830	5	彝震	庚戌
1284	3044	711	10	13	辛亥	1224	3104	771	7	35	辛亥	1164	3164	831	6	2	辛亥
1283	3045	712	11	14	壬子	1223	3105	772	8	36	壬子	1163	3165	832	7	3	壬子
1282	3046	713	12	15	癸丑	1222	3106	773	9	37	癸丑	1162	3166	833	8	4	癸丑
1281	3047	714	13	16	甲寅	1221	3107	774	10	38	甲寅	1161	3167	834	9	5	甲寅
1280	3048	715	14	17	乙卯	1220	3108	775	11	39	乙卯	1160	3168	835	10	6	乙卯
1279	2849	716	15	18	丙辰	1219	3109	776	12	40	丙辰	1159	3169	836	僖康	7	丙辰
1278	3050	717	16	19	丁巳	1218	3110	777	13	41	丁巳	1158	3170	837	2	8	丁巳
1277	3051	718	17	20	戊午	1217	3111	778	14	42	戊午	1157	3171	838	閔哀	9	戊午
1276	3052	719	18	武王	己未	1216	3112	779	15	43	己未	1156	3172	839	神武	10	己未
1275	3053	720	19	仁安	庚申	1215	3113	780	宣德	44	庚申	1155	3173	840	文聖	11	庚申
1274	3054	721	20	3	辛酉	1214	3114	781	2	45	辛酉	1154	3174	841	3	12	辛酉
1273	3055	722	21	4	壬戌	1213	3115	782	3	46	壬戌	1153	3175	842	4	13	壬戌
1272	3056	723	22	5	癸亥	1212	3116	783	4	47	癸亥	1152	3176	843	5	14	癸亥

年數	檀紀	西紀	新羅	渤海	干支	年數	檀紀	西紀	新羅	高麗	干支	年數	檀紀	西紀	北宋	高麗	干支
1151	3177	844	6	15	甲子	1091	3237	904	8	4	甲子	1031	3297	964	乾德	15	甲子
1150	3178	845	7	16	乙丑	1090	3238	905	9	5	乙丑	1030	3298	965	2	16	乙丑
1149	3179	846	8	17	丙寅	1089	3239	906	10	6	丙寅	1029	3299	966	3	17	丙寅
1148	3180	847	9	18	丁卯	1088	3240	907	11	7	丁卯	1028	3300	967	4	18	丁卯
1147	3181	848	10	19	戊辰	1087	3241	908	12	8	戊辰	1027	3301	968	開寶	19	戊辰
1146	3182	849	11	20	己巳	1086	3242	909	13	9	己巳	1026	3302	969	2	20	己巳
1145	3183	850	12	21	庚午	1085	3243	910	14	10	庚午	1025	3303	970	3	21	庚午
1144	3184	851	13	22	辛未	1084	3244	911	15	11	辛未	1024	3304	971	4	22	辛未
1143	3185	852	14	23	壬申	1083	3245	912	神德	12	壬申	1023	3305	972	5	23	壬申
1142	3186	853	15	24	癸酉	1082	3246	913	2	13	癸酉	1022	3306	973	6	24	癸酉
1141	3187	854	16	25	甲戌	1081	3247	914	3	14	甲戌	1021	3307	974	7	25	甲戌
1140	3188	855	17	26	乙亥	1080	3048	915	4	15	乙亥	1020	3308	975	8	26	乙亥
1139	3189	856	18	27	丙子	1079	3249	916	5	16	丙子	1019	3309	976	太宗	景宗	丙子
1138	3190	857	憲安	28	丁丑	1078	3250	917	景明	17	丁丑	1018	3310	977	興國	2	丁丑
1137	3191	858	2	虔晃	戊寅	1077	3051	918	2	太祖	戊寅己	1017	3311	978	3	3	戊寅
1136	3192	859	3	2	己卯	1076	3252	919	3	2	卯	1016	3312	979	4	4	己卯
1135	3193	860	4	3	庚辰	1075	3253	920	4	高3	庚辰	1015	3313	980	5	5	庚辰
1134	3194	861	景文	4	辛巳	1074	3254	921	5	麗4	辛巳	1014	3314	981	6	6	辛巳
1133	3195	862	2	5	壬午	1073	3255	922	6	5	壬午	1013	3315	982	7	成宗	壬午
1132	3196	863	3	6	癸未	1072	3256	923	7	6	癸未	1012	3316	983	8	2	癸未
1131	3197	864	4	7	甲申	1071	3257	924	景哀	7	甲申	1011	3317	984	雍熙	3	甲申
1130	3198	865	5	8	乙酉	1070	3258	925	2	8	乙酉	1010	3318	985	2	4	乙酉
1129	3199	866	6	9	丙戌	1069	3259	926	3	9	丙戌	1009	3319	986	3	5	丙戌
1128	3200	867	7	10	丁亥	1068	3260	927	敬順	10	丁亥	1008	3320	987	4	6	丁亥
1127	3201	868	8	11	戊子	1067	3261	928	2	11	戊子	1007	3321	988	瑞拱	7	戊子
1126	3202	869	9	12	己丑	1066	3262	929	3	12	己丑	1006	3322	989	2	8	己丑
1125	3203	870	10	景王	庚寅	1065	3263	930	4	13	庚寅	1005	3323	990	淳化	9	庚寅
1124	3204	871	11	2	辛卯	1064	3264	931	5	14	辛卯	1004	3324	991	2	10	辛卯
1123	3205	872	12	3	壬辰	1063	3265	932	6	15	壬辰	1003	3325	992	3	11	壬辰
1122	3206	873	13	4	癸巳	1062	3266	933	7	16	癸巳	1002	3326	993	4	12	癸巳
1121	3207	874	14	5	甲午	1061	3267	934	8	17	甲午	1001	3327	994	5	13	甲午
1120	3208	875	憲康	6	乙未	1060	3268	935		18	乙未	1000	3328	995	至道	14	乙未
1119	3209	876	2	7	丙申	1059	3269	936	後普	19	丙申	999	3329	996	2	15	丙申
1118	3210	877	3	8	丁酉	1058	3270	937	天福	20	丁酉	998	3330	997	3	16	丁酉
1117	3211	878	4	9	戊戌	1057	3271	938	3	21	戊戌	997	3331	998	眞平	穆宗	戊戌
1116	3212	879	5	10	己亥	1056	3272	939	4	22	己亥	996	3332	999	咸平	2	己亥
1115	3213	880	6	11	庚子	1055	3273	940	5	23	庚子	995	3333	1000	3	3	庚子
1114	3214	881	7	12	辛丑	1054	3274	941	6	24	辛丑	994	3334	1001	4	4	辛丑
1113	3215	882	8	13	壬寅	1053	3275	942	7	25	壬寅	993	3335	1002	5	5	壬寅
1112	3216	883	9	14	癸卯	1052	3276	943	8	26	癸卯	992	3336	1003	6	6	癸卯
1111	3217	884	10	15	甲辰	1051	3277	944	開運	惠宗	甲辰	991	3337	1004	景德	7	甲辰
1110	3218	885	11	16	乙巳	1050	3278	945	2	2	乙巳	990	3338	1005	2	8	乙巳
1109	3219	886	定康	17	丙午	1049	3279	946	3	定宗	丙午	989	3339	1006	3	9	丙午
1108	3220	887	眞聖	18	丁未	1048	3280	947	後漢	2	丁未	988	3340	1007	4	10	丁未
1107	3221	888	2	19	戊申	1047	3281	948	高祖	3	戊申	987	3341	1008	祥符	11	戊申
1106	3222	889	3	20	己酉	1046	3282	949	3	4	己酉	986	3342	1009	2	12	己酉
1105	3223	890	4	21	庚戌	1045	3283	950	隱帝	光宗	庚戌	985	3343	1010	3	顯宗	庚戌
1104	3224	891	5	22	辛亥	1044	3284	951	後周	2	辛亥	984	3344	1011	4	2	辛亥
1103	3225	892	6	23	壬子	1043	3285	952	太祖	3	壬子	983	3345	1012	5	3	壬子
1102	3226	893	7	24	癸丑	1042	3286	953	3	4	癸丑	982	3346	1013	6	4	癸丑
1101	3227	894	8	25	甲寅	1041	3287	954	顯德	5	甲寅	981	3347	1014	7	5	甲寅
1100	3228	895	9	26	乙卯	1040	3288	955	2	6	乙卯	980	3348	1015	8	6	乙卯
1099	3229	896	10	27	丙辰	1039	3289	956	3	7	丙辰	979	3349	1016	9	7	丙辰
1098	3230	897	孝恭	28	丁巳	1038	3290	957	4	8	丁巳	978	3350	1017	天禧	8	丁巳
1097	3231	898	2	29	戊午	1037	3291	958	5	9	戊午	977	3351	1018	2	9	戊午
1096	3232	899	3	30	己未	1036	3292	959	6	10	己未	976	3352	1019	3	10	己未
1095	3233	900	4	31	庚申	1035	3293	960	北宋	11	庚申	975	3353	1020	4	11	庚申
1094	3234	901	5	哀王	辛酉	1034	3294	961	太祖	12	辛酉	974	3354	1021	5	12	辛酉
1093	3235	902	6	2	壬戌	1033	3295	962	建隆	13	壬戌	973	3355	1022	仁宗	13	壬戌
1092	3236	903	7	3	癸亥	1032	3296	963	乾德	14	癸亥	972	3356	1023	大聖	14	癸亥

年數	檀紀	西紀	北宋	高麗	干支	年數	檀紀	西紀	北宋	高麗	干支	年數	檀紀	西紀	南宋	高麗	干支
971	3357	1024	仁宗	顯宗	甲子	911	3417	1084	7	宣宗	甲子	851	3477	1144	高宗	22	甲子
970	3358	1025	3	16	乙丑	910	3418	1085	8	2	乙丑	850	3478	1145	紹興	23	乙丑
969	3359	1026	4	17	丙寅	909	3419	1086	哲宗	3	丙寅	849	3479	1146	16	24	丙寅
968	3360	1027	5	18	丁卯	908	3420	1087	元祐	4	丁卯	848	3480	1147	17	毅宗	丁卯
967	3361	1028	6	19	戊辰	907	3421	1088	3	5	戊辰	847	3481	1148	18	2	戊辰
966	3362	1029	7	20	己巳	906	3422	1089	4	6	己巳	846	3482	1149	19	3	己巳
965	3363	1030	8	21	庚午	905	3423	1090	5	7	庚午	845	3483	1150	20	4	庚午
964	3364	1031	9	22	辛未	904	3424	1091	6	8	辛未	844	3484	1151	21	5	辛未
963	3365	1032	明道	德宗	壬申	903	3425	1092	7	9	壬申	843	3485	1152	22	6	壬申
962	3366	1033	2	2	癸酉	902	3426	1093	8	10	癸酉	842	3486	1153	23	7	癸酉
961	3367	1034	景祐	3	甲戌	901	3427	1094	紹聖	11	甲戌	841	3487	1154	24	8	甲戌
960	3368	1035	2	靖宗	乙亥	900	3428	1095	2	獻宗	乙亥	840	3488	1155	25	9	乙亥
959	3369	1036	3	2	丙子	899	3429	1096	3	肅宗	丙子	839	3489	1156	26	10	丙子
958	3370	1037	4	3	丁丑	898	3430	1097	4	2	丁丑	838	3490	1157	27	11	丁丑
957	3371	1038	寶元	4	戊寅	897	3431	1098	元符	3	戊寅	837	3491	1158	28	12	戊寅
956	3372	1039	2	5	己卯	896	3432	1099	2	4	己卯	836	3492	1159	29	13	己卯
955	3373	1040	3	6	庚辰	895	3433	1100	3	5	庚辰	835	3493	1160	30	14	庚辰
954	3374	1041	慶歷	7	辛巳	894	3434	1101	徽宗	6	辛巳	834	3494	1161	31	15	辛巳
953	3375	1042	2	8	壬午	893	3435	1102	崇寧	7	壬午	833	3495	1162	32	16	壬午
952	3376	1043	3	9	癸未	892	3436	1103	2	8	癸未	832	3496	1163	孝宗 隆興	17	癸未
951	3377	1044	4	10	甲申	891	3437	1104	3	9	甲申	831	3497	1164	2	18	甲申
950	3378	1045	5	11	乙酉	890	3438	1105	4	10	乙酉	830	3498	1165	乾道	19	乙酉
949	3379	1046	6	12	丙戌	889	3439	1106	5	睿宗	丙戌	829	3499	1166	2	20	丙戌
948	3380	1047	7	文宗	丁亥	888	3440	1107	大觀	2	丁亥	828	3500	1167	3	21	丁亥
947	3381	1048	8	2	戊子	887	3441	1108	2	3	戊子	827	3501	1168	4	22	戊子
946	3382	1049	皇祐	3	己丑	886	3442	1109	3	4	己丑	826	3502	1169	5	23	己丑
945	3383	1050	2	4	庚寅	885	3443	1110	4	5	庚寅	825	3503	1170	6	24	庚寅
944	3384	1051	3	5	辛卯	884	3444	1111	政和	6	辛卯	824	3504	1171	7	明宗	辛卯
943	3385	1052	4	6	壬辰	883	3445	1112	2	7	壬辰	823	3505	1172	8	2	壬辰
942	3386	1053	5	7	癸巳	882	3446	1113	3	8	癸巳	822	3506	1173	9	3	癸巳
941	3387	1054	至和	8	甲午	881	3447	1114	4	9	甲午	821	3507	1174	淳熙	4	甲午
940	3388	1055	2	9	乙未	880	3448	1115	5	10	乙未	820	3508	1175	2	5	乙未
939	3389	1056	嘉祐	10	丙申	879	3449	1116	6	11	丙申	819	3509	1176	3	6	丙申
938	3390	1057	2	11	丁酉	878	3450	1117	7	12	丁酉	818	3510	1177	4	7	丁酉
937	3391	1058	3	12	戊戌	877	3451	1118	重和	13	戊戌	817	3511	1178	5	8	戊戌
936	3392	1060	4	13	己亥	876	3452	1119	宣和	14	己亥	816	3512	1179	6	9	己亥
935	3393	1060	5	14	庚子	875	3453	1120	2	15	庚子	815	3513	1180	7	10	庚子
934	3394	1061	6	15	辛丑	874	3454	1121	3	16	辛丑	814	3514	1181	8	11	辛丑
933	3395	1062	7	16	壬寅	873	3455	1122	4	17	壬寅	813	3515	1182	9	12	壬寅
932	3396	1063	8	17	癸卯	872	3456	1123	5	仁宗	癸卯	812	3516	1183	10	13	癸卯
931	3397	1064	英宗	18	甲辰	871	3457	1124	6	2	甲辰	811	3517	1184	11	14	甲辰
930	3398	1065	治平	19	乙巳	870	3458	1125	7	3	乙巳	810	3518	1185	12	15	乙巳
929	3399	1066	3	20	丙午	869	3459	1126	靖康	4	丙午	809	3519	1186	13	16	丙午
928	3400	1067	4	21	丁未	868	3460	1127	高宗	5	丁未	808	3520	1187	14	17	丁未
927	3401	1068	神宗	22	戊申	867	3461	1128	建炎	6	戊申	807	3521	1188	15	18	戊申
926	3402	1069	熙寧	23	己酉	866	3462	1129	3	7	己酉	806	3522	1189	16	19	己酉
925	3403	1070	3	24	庚戌	865	3463	1130	4	8	庚戌	805	3523	1190	光宗	20	庚戌
924	3404	1071	4	25	辛亥	864	3464	1131	紹興	9	辛亥	804	3524	1191	紹熙	21	辛亥
923	3405	1072	5	26	壬子	863	3465	1132	2	10	壬子	803	3525	1192	3	22	壬子
922	3406	1073	6	27	癸丑	862	3466	1133	3	11	癸丑	802	3526	1193	4	23	癸丑
921	3407	1074	7	28	甲寅	861	3467	1134	4	12	甲寅	801	3527	1194	5	24	甲寅
920	3408	1075	8	29	乙卯	860	3468	1135	5	13	乙卯	800	3528	1195	寧宗	25	乙卯
919	3409	1076	9	30	丙辰	859	3469	1136	6	14	丙辰	799	3529	1196	慶元	26	丙辰
918	3410	1077	10	31	丁巳	858	3470	1137	7	15	丁巳	798	3530	1197	3	27	丁巳
917	3411	1078	元豊	32	戊午	857	3471	1138	8	16	戊午	797	3531	1198	4	神宗	戊午
916	3412	1079	2	33	己未	856	3472	1139	9	17	己未	796	3532	1199	5	2	己未
915	3413	1080	3	34	庚申	855	3473	1140	10	18	庚申	795	3533	1200	6	3	庚申
914	3414	1081	4	35	辛酉	854	3474	1141	11	19	辛酉	794	3534	1201	嘉泰	4	辛酉
913	3415	1082	5	36	壬戌	853	3475	1142	12	20	壬戌	793	3535	1202	2	5	壬戌
912	3416	1083	6	順宗	癸亥	852	3476	1143	13	21	癸亥	792	3536	1203	3	6	癸亥

연대대조표(年代對照表)

年數	檀紀	西紀	北宋	高麗	干支	年數	檀紀	西紀	北宋	高麗	干支	年數	檀紀	西紀	南宋	高麗	干支
971	3357	1024	仁宗	顯宗	甲子	911	3417	1084	7	宣宗	甲子	851	3477	1144	高宗	22	甲子
970	3358	1025	3	16	乙丑	910	3418	1085	8	2	乙丑	850	3478	1145	紹興	23	乙丑
969	3359	1026	4	17	丙寅	909	3419	1086	哲宗	3	丙寅	849	3479	1146	16	24	丙寅
968	3360	1027	5	18	丁卯	908	3420	1087	元祐	4	丁卯	848	3480	1147	17	毅宗	丁卯
967	3361	1028	6	19	戊辰	907	3421	1088	3	5	戊辰	847	3481	1148	18	2	戊辰
966	3362	1029	7	20	己巳	906	3422	1089	4	6	己巳	846	3482	1149	19	3	己巳
965	3363	1030	8	21	庚午	905	3423	1090	5	7	庚午	845	3483	1150	20	4	庚午
964	3364	1031	9	22	辛未	904	3424	1091	6	8	辛未	844	3484	1151	21	5	辛未
963	3365	1032	明道	德宗	壬申	903	3425	1092	7	9	壬申	843	3485	1152	22	6	壬申
962	3366	1033	2	2	癸酉	902	3426	1093	8	10	癸酉	842	3486	1153	23	7	癸酉
961	3367	1034	景祐	3	甲戌	901	3427	1094	紹聖	11	甲戌	841	3487	1154	24	8	甲戌
960	3368	1035	2	靖宗	乙亥	900	3428	1095	2	獻宗	乙亥	840	3488	1155	25	9	乙亥
959	3369	1036	3	2	丙子	899	3429	1096	3	肅宗	丙子	839	3489	1156	26	10	丙子
958	3370	1037	4	3	丁丑	898	3430	1097	4	2	丁丑	838	3490	1157	27	11	丁丑
957	3371	1038	寶元	4	戊寅	897	3431	1098	元符	3	戊寅己	837	3491	1158	28	12	戊寅
956	3372	1039	2	5	己卯	896	3432	1099	2	4	卯	836	3492	1159	29	13	己卯
955	3373	1040	3	6	庚辰	895	3433	1100	3	5	庚辰	835	3493	1160	30	14	庚辰
954	3374	1041	慶歷	7	辛巳	894	3434	1101	徽宗	6	辛巳	834	3494	1161	31	15	辛巳
953	3375	1042	2	8	壬午	893	3435	1102	崇寧	7	壬午	833	3495	1162	32	16	壬午
952	3376	1043	3	9	癸未	892	3436	1103	2	8	癸未	832	3496	1163	孝宗 隆興	17	癸未
951	3377	1044	4	10	甲申	891	3437	1104	3	9	甲申	831	3497	1164	2	18	甲申
950	3378	1045	5	11	乙酉	890	3438	1105	4	10	乙酉	830	3498	1165	乾道	19	乙酉
949	3379	1046	6	12	丙戌	889	3439	1106	5	睿宗	丙戌	829	3499	1166	2	20	丙戌
948	3380	1047	7	文宗	丁亥	888	3440	1107	大觀	2	丁亥	828	3500	1167	3	21	丁亥
947	3381	1048	8	2	戊子	887	3441	1108	2	3	戊子	827	3501	1168	4	22	戊子
946	3382	1049	皇祐	3	己丑	886	3442	1109	3	4	己丑	826	3502	1169	5	23	己丑
945	3383	1050	2	4	庚寅	885	3443	1110	4	5	庚寅	825	3503	1170	6	24	庚寅
944	3384	1051	3	5	辛卯	884	3444	1111	政和	6	辛卯	824	3504	1171	7	明宗	辛卯
943	3385	1052	4	6	壬辰	883	3445	1112	2	7	壬辰	823	3505	1172	8	2	壬辰
942	3386	1053	5	7	癸巳	882	3446	1113	3	8	癸巳	822	3506	1173	9	3	癸巳
941	3387	1054	至和	8	甲午	881	3447	1114	4	9	甲午	821	3507	1174	淳熙	4	甲午
940	3388	1055	2	9	乙未	880	3448	1115	5	10	乙未	820	3508	1175	2	5	乙未
939	3389	1056	嘉祐	10	丙申	879	3449	1116	6	11	丙申	819	3509	1176	3	6	丙申
938	3390	1057	2	11	丁酉	878	3450	1117	7	12	丁酉	818	3510	1177	4	7	丁酉
937	3391	1058	3	12	戊戌	877	3451	1118	重和	13	戊戌	817	3511	1178	5	8	戊戌
936	3392	1059	4	13	己亥	876	3452	1119	宣和	14	己亥	816	3512	1179	6	9	己亥
935	3393	1060	5	14	庚子	875	3453	1120	2	15	庚子	815	3513	1180	7	10	庚子
934	3394	1061	6	15	辛丑	874	3454	1121	3	16	辛丑	814	3514	1181	8	11	辛丑
933	3395	1062	7	16	壬寅	873	3455	1122	4	17	壬寅	813	3515	1182	9	12	壬寅
932	3396	1063	8	17	癸卯	872	3456	1123	5	仁宗	癸卯	812	3516	1183	10	13	癸卯
931	3397	1064	英宗	18	甲辰	871	3457	1124	6	2	甲辰	811	3517	1184	11	14	甲辰
930	3398	1065	治平	19	乙巳	870	3458	1125	7	3	乙巳	810	3518	1185	12	15	乙巳
929	3399	1066	3	20	丙午	869	3459	1126	靖康	4	丙午	809	3519	1186	13	16	丙午
928	3400	1067	4	21	丁未	868	3460	1127	高宗	5	丁未	808	3520	1187	14	17	丁未
927	3401	1068	神宗	22	戊申	867	3461	1128	建炎	6	戊申	807	3521	1188	15	18	戊申
926	3402	1069	熙寧	23	己酉	866	3462	1129	3	7	己酉	806	3522	1189	16	19	己酉
925	3403	1070	3	24	庚戌	865	3463	1130	4	8	庚戌	805	3523	1190	光宗	20	庚戌
924	3404	1071	4	25	辛亥	864	3464	1131	紹興	9	辛亥	804	3524	1191	紹熙	21	辛亥
923	3405	1072	5	26	壬子	863	3465	1132	2	10	壬子	803	3525	1192	3	22	壬子
922	3406	1073	6	27	癸丑	862	3466	1133	3	11	癸丑	802	3526	1193	4	23	癸丑
921	3407	1074	7	28	甲寅	861	3467	1134	4	12	甲寅	801	3527	1194	5	24	甲寅
920	3408	1075	8	29	乙卯	860	3468	1135	5	13	乙卯	800	3528	1195	寧宗	25	乙卯
919	3409	1076	9	30	丙辰	859	3469	1136	6	14	丙辰	799	3529	1196	慶元	26	丙辰
918	3410	1077	10	31	丁巳	858	3470	1137	7	15	丁巳	798	3530	1197	3	27	丁巳
917	3411	1078	元豊	32	戊午	857	3471	1138	8	16	戊午	797	3531	1198	4	神宗	戊午
916	3412	1079	2	33	己未	856	3472	1139	9	17	己未	796	3532	1199	5	2	己未
915	3413	1080	3	34	庚申	855	3473	1140	10	18	庚申	795	3533	1200	6	3	庚申
914	3414	1081	4	35	辛酉	854	3474	1141	11	19	辛酉	794	3534	1201	嘉泰	4	辛酉
913	3415	1082	5	36	壬戌	853	3475	1142	12	20	壬戌	793	3535	1202	2	5	壬戌
912	3416	1083	6	順宗	癸亥	852	3476	1143	13	21	癸亥	792	3536	1203	3	6	癸亥

年數	檀紀	西紀	南宋	高麗	干支	年數	檀紀	西紀	宋元	高麗	干支	年數	檀紀	西紀	元明	高麗	干支
791	3537	1204	4	7	甲子	731	3597	1264	5	5	甲子	671	3657	1324	普宗	11	甲子
790	3538	1205	開禧	熙宗	乙丑	730	3598	1265	度宗	6	乙丑	670	3658	1325	泰定	12	乙丑
789	3539	1206	2	2	丙寅	729	3599	1266	咸淳	7	丙寅	669	3659	1326	3	13	丙寅
788	3540	1207	3	3	丁卯	728	3600	1267	3	8	丁卯	668	3660	1327	4	14	丁卯
787	3541	1208	嘉定	4	戊辰	727	3601	1268	4	9	戊辰	667	3661	1328	致和	15	戊辰
786	3542	1209	2	5	己巳	726	3602	1269	5	10	己巳	666	3662	1329	天曆	16	己巳
785	3543	1210	3	6	庚午	725	3603	1270	6	11	庚午	665	3663	1330	至順	17	庚午
784	3544	1211	4	7	辛未	724	3604	1271	7	12	辛未	664	3664	1331	2	忠惠	辛未
783	3545	1212	5	康宗	壬申	723	3605	1272	8	13	壬申	663	3665	1332	3	2	壬申
782	3546	1213	6	2	癸酉	722	3606	1273	9	14	癸酉	662	3666	1333	順帝 元統	忠肅	癸酉
781	3547	1214	7	高宗	甲戌	721	3607	1274	10	15	甲戌	661	3667	1334	2	2	甲戌
780	3548	1215	8	2	乙亥	720	3608	1275	德祐	忠烈	乙亥	660	3668	1335	至元	3	乙亥
779	3549	1216	9	3	丙子	719	3609	1276	景炎	2	丙子	659	3669	1336	2	4	丙子
778	3550	1217	10	4	丁丑	718	3610	1277	2	3	丁丑	658	3670	1337	3	5	丁丑
777	3551	1218	11	5	戊寅	717	3611	1278	衛王	4	戊寅	657	3671	1338	4	6	戊寅
776	3552	1219	12	6	己卯	716	3612	1279	祥興	5	己卯	656	3672	1339	5	7	己卯
775	3553	1220	13	7	庚辰	715	3613	1280	3	6	庚辰	655	3673	1340	6	忠惠	庚辰
774	3554	1221	14	8	辛巳	714	3614	1281	世祖	7	辛巳	654	3674	1341	後元	2	辛巳
773	3555	1222	15	9	壬午	713	3615	1282	至元	8	壬午	653	3675	1342	至正	3	壬午
772	3556	1223	16	10	癸未	712	3616	1283	4	9	癸未	652	3676	1343	3	4	癸未
771	3557	1224	17	11	甲申	711	3617	1284	5	10	甲申	651	3677	1344	4	5	甲申
770	3558	1225	理宗	12	乙酉	710	3618	1285	6	11	乙酉	650	3678	1345	5	忠穆	乙酉
769	3559	1226	寶慶	13	丙戌	709	3619	1286	7	12	丙戌	649	3679	1346	6	2	丙戌
768	3560	1227	3	14	丁亥	708	3620	1287	8	13	丁亥	648	3680	1347	7	3	丁亥
767	3561	1228	紹定	15	戊子	707	3621	1288	9	14	戊子	647	3681	1348	8	4	戊子
766	3562	1229	2	16	己丑	706	3622	1289	10	15	己丑	646	3682	1349	9	忠定	己丑
765	3563	1230	3	17	庚寅	705	3623	1290	11	16	庚寅	645	3683	1350	10	2	庚寅
764	3564	1231	4	18	辛卯	704	3624	1291	12	17	辛卯	644	3684	1351	11	3	辛卯
763	3565	1232	5	19	壬辰	703	3625	1292	13	18	壬辰	643	3685	1352	12	恭愍	壬辰
762	3566	1233	6	20	癸巳	702	3626	1293	14	19	癸巳	642	3686	1353	13	2	癸巳
761	3567	1234	瑞平	21	甲午	701	3627	1294	15	20	甲午	641	3687	1354	14	3	甲午
760	3568	1235	2	22	乙未	700	3628	1295	成宗	21	乙未	640	3688	1355	15	4	乙未
759	3569	1236	3	23	丙申	699	3629	1296	元貞	22	丙申	639	3689	1356	16	5	丙申
758	3570	1237	嘉熙	24	丁酉	698	3630	1297	大德	23	丁酉	638	3690	1357	17	6	丁酉
757	3571	1238	2	25	戊戌	697	3631	1298	2	24	戊戌	637	3691	1358	18	7	戊戌
756	3572	1239	3	26	己亥	696	3632	1299	3	25	己亥	636	3692	1359	19	8	己亥
755	3573	1240	4	27	庚子	695	3633	1300	4	26	庚子	635	3693	1360	20	9	庚子
754	3574	1241	淳祐	28	辛丑	694	3634	1301	5	27	辛丑	634	3694	1361	21	10	辛丑
753	3575	1242	2	29	壬寅	693	3635	1302	6	28	壬寅	633	3695	1362	22	11	壬寅
752	3576	1243	3	30	癸卯	692	3636	1303	7	29	癸卯	632	3696	1363	23	12	癸卯
751	3577	1244	4	31	甲辰	691	3637	1304	8	30	甲辰	631	3697	1364	24	13	甲辰
750	3578	1245	5	32	乙巳	690	3638	1305	9	31	乙巳	630	3698	1365	25	14	乙巳
749	3579	1246	6	33	丙午	689	3639	1306	10	32	丙午	629	3699	1366	26	15	丙午
748	3580	1247	7	34	丁未	688	3640	1307	11	33	丁未	628	3700	1367	27	16	丁未
747	3581	1248	8	35	戊申	687	3641	1308	武宗	34	戊申	627	3701	1368	明	17	戊申
746	3582	1249	9	36	己酉	686	3642	1309	至大	忠宣	己酉	626	3702	1369	太祖	18	己酉
745	3583	1250	10	37	庚戌	685	3643	1310	3	2	庚戌	625	3703	1370	洪武	19	庚戌
744	3584	1251	11	38	辛亥	684	3644	1311	4	3	辛亥	624	3704	1371	4	20	辛亥
743	3585	1252	12	39	壬子	683	3645	1312	仁宗	4	壬子	623	3705	1372	5	21	壬子
742	3586	1253	寶祐	40	癸丑	682	3646	1313	皇慶	5	癸丑	622	3706	1373	6	22	癸丑
741	3587	1254	2	41	甲寅	681	3647	1314	延祐	忠肅	甲寅	621	3707	1374	7	23	甲寅
740	3588	1255	3	42	乙卯	680	3648	1315	2	2	乙卯	620	3708	1375	8	禑王	乙卯
739	3589	1256	4	43	丙辰	679	3649	1316	3	3	丙辰	619	3709	1376	9	2	丙辰
738	3590	1257	5	44	丁巳	678	3650	1317	4	4	丁巳	618	3710	1377	10	3	丁巳
737	3591	1258	6	45	戊午	677	3651	1318	5	5	戊午	617	3711	1378	11	4	戊午
736	3592	1259	開慶	46	己未	676	3652	1319	6	6	己未	616	3712	1379	12	5	己未
735	3593	1260	景定	元宗	庚申	675	3653	1320	7	7	庚申	615	3713	1380	13	6	庚申
734	3594	1261	2	2	辛酉	674	3654	1321	英宗	8	辛酉	614	3714	1381	14	7	辛酉
733	3595	1262	3	3	壬戌	673	3655	1322	至治	9	壬戌	613	3715	1382	15	8	壬戌
732	3596	1263	4	4	癸亥	672	3656	1323	3	10	癸亥	612	3716	1383	16	9	癸亥

연대대조표(年代對照表)

年數	檀紀	西紀	明	李祖	干支	年數	檀紀	西紀	明淸	李祖	干支	年數	檀紀	西紀	淸	李祖	干支
611	3717	1384	洪武	10	甲子	551	3777	1444	9	26	甲子	491	3837	1504	17	10	甲子
610	3718	1385	18	11	乙丑	550	3778	1445	10	27	乙丑	490	3838	1505	18	11	乙丑
609	3719	1386	19	12	丙寅	549	3779	1446	11	28	丙寅	489	3839	1506	武宗	中宗	丙寅
608	3720	1387	20	13	丁卯	548	3780	1447	12	29	丁卯	488	3840	1507	正德	2	丁卯
607	3721	1388	21	14	戊辰	547	3781	1448	13	30	戊辰	487	3841	1508	3	3	戊辰
606	3722	1389	22	昌王	己巳	546	3782	1449	14	31	己巳	486	3842	1509	4	4	己巳
605	3723	1390	23	恭讓	庚午	545	3783	1450	景泰	32	庚午	485	3843	1510	5	5	庚午
604	3724	1391	24	3	辛未	544	3784	1451	景帝	文宗	辛未	484	3844	1511	6	6	辛未
603	3725	1392	25	李祖	壬申	543	3785	1452	3	2	壬申	483	3845	1512	7	7	壬申
602	3726	1393	26	太祖	癸酉	542	3786	1453	4	瑞宗	癸酉	482	3846	1513	8	8	癸酉
601	3727	1394	27	3	甲戌	541	3787	1454	5	2	甲戌	481	3847	1514	9	9	甲戌
600	3728	1395	28	4	乙亥	540	3788	1455	6	世祖	乙亥	480	3848	1515	10	10	乙亥
599	3729	1396	29	5	丙子	539	3789	1456	7	2	丙子	479	3849	1516	11	11	丙子
598	3730	1397	30	6	丁丑	538	3790	1457	英宗	3	丁丑	478	3850	1517	12	12	丁丑
597	3731	1398	31	7	戊寅	537	3791	1458	天順	4	戊寅	477	3851	1518	13	13	戊寅
596	3732	1399	惠帝	定宗	己卯	536	3792	1459	3	5	己卯	476	3852	1519	14	14	己卯
595	3733	1400	建文	2	庚辰	535	3793	1460	4	6	庚辰	475	3853	1520	15	15	庚辰
594	3734	1401	3	太宗	辛巳	534	3794	1461	5	7	辛巳	474	3854	1521	16	16	辛巳
593	3735	1402	4	2	壬午	533	3795	1462	6	8	壬午	473	3855	1522	世宗	17	壬午
592	3736	1403	太宗 永樂	3	癸未	532	3796	1463	7	9	癸未	472	3856	1523	嘉靖	18	癸未
591	3737	1404	2	4	甲申	531	3797	1464	8	10	甲申	471	3857	1524	3	19	甲申
590	3738	1405	3	5	乙酉	530	3798	1465	憲宗	11	乙酉	470	3858	1525	4	20	乙酉
589	3739	1406	4	6	丙戌	529	3799	1466	成化	12	丙戌	469	3859	1526	5	21	丙戌
588	3740	1407	5	7	丁亥	528	3800	1467	3	13	丁亥	468	3860	1527	6	22	丁亥
587	3741	1408	6	8	戊子	527	3801	1468	4	14	戊子	467	3861	1528	7	23	戊子
586	3742	1409	7	9	己丑	526	3802	1469	5	睿宗	己丑	466	3862	1529	8	24	己丑
585	3743	1410	8	10	庚寅	525	3803	1470	6	成宗	庚寅	465	3863	1530	9	25	庚寅
584	3744	1411	9	11	辛卯	524	3804	1471	7	2	辛卯	464	3864	1531	10	26	辛卯
583	3745	1412	10	12	壬辰	523	3805	1472	8	3	壬辰	463	3865	1532	11	27	壬辰
582	3746	1413	11	13	癸巳	522	3806	1473	9	4	癸巳	462	3866	1533	12	28	癸巳
581	3747	1414	12	14	甲午	521	3807	1474	10	5	甲午	461	3867	1534	13	29	甲午
580	3748	1415	13	15	乙未	520	3808	1475	11	6	乙未	460	3868	1535	14	30	乙未
579	3749	1416	14	16	丙申	519	3809	1476	12	7	丙申	459	3869	1536	15	31	丙申
578	3750	1417	15	17	丁酉	518	3810	1477	13	8	丁酉	458	3870	1537	16	32	丁酉
577	3751	1418	16	18	戊戌	517	3811	1478	14	9	戊戌	457	3871	1538	17	33	戊戌
576	3752	1419	17	世宗	己亥	516	3812	1479	15	10	己亥	456	3872	1539	18	34	己亥
575	3753	1420	18	2	庚子	515	3813	1480	16	11	庚子	455	3873	1540	19	35	庚子
574	3754	1421	19	3	辛丑	514	3814	1481	17	12	辛丑	454	3874	1541	20	36	辛丑
573	3755	1422	20	4	壬寅	513	3815	1482	18	13	壬寅	453	3875	1542	21	37	壬寅
572	3756	1423	21	5	癸卯	512	3816	1483	19	14	癸卯	452	3876	1543	22	38	癸卯
571	3757	1424	22	6	甲辰	511	3817	1484	20	15	甲辰	451	3877	1544	23	39	甲辰
570	3758	1425	洪熙	7	乙巳	510	3818	1485	21	16	乙巳	450	3878	1545	24	仁宗	乙巳
569	3759	1426	宣宗	8	丙午	509	3819	1486	22	17	丙午	449	3879	1546	25	明宗	丙午
568	3760	1427	宣德	9	丁未	508	3820	1487	23	18	丁未	448	3880	1547	26	2	丁未
567	3761	1428	3	10	戊申	507	3821	1488	孝宗	19	戊申	447	3881	1548	27	3	戊申
566	3762	1429	4	11	己酉	506	3822	1489	弘治	20	己酉	446	3882	1549	28	4	己酉
565	3763	1430	5	12	庚戌	505	3823	1490	3	21	庚戌	445	3883	1550	29	5	庚戌
564	3764	1431	6	13	辛亥	504	3824	1491	4	22	辛亥	444	3884	1551	30	6	辛亥
563	3765	1432	7	14	壬子	503	3825	1492	5	23	壬子	443	3885	1552	31	7	壬子
562	3766	1433	8	15	癸丑	502	3826	1493	6	24	癸丑	442	3886	1553	32	8	癸丑
561	3767	1434	9	16	甲寅	501	3827	1494	7	25	甲寅	441	3887	1554	33	9	甲寅
560	3768	1435	10	17	乙卯	500	3828	1495	8	燕山	乙卯	440	3888	1555	34	10	乙卯
559	3769	1436	英宗	18	丙辰	499	3829	1496	9	2	丙辰	439	3889	1556	35	11	丙辰
558	3770	1437	正統	19	丁巳	498	3830	1497	10	3	丁巳	438	3890	1557	36	12	丁巳
557	3771	1438	3	20	戊午	497	3831	1498	11	4	戊午	437	3891	1558	37	13	戊午
556	3772	1439	4	21	己未	496	3832	1499	12	5	己未	436	3892	1559	38	14	己未
555	3773	1440	5	22	庚申	495	3833	1500	13	6	庚申	435	3893	1560	39	15	庚申
554	3774	1441	6	23	辛酉	494	3834	1501	14	7	辛酉	434	3894	1560	40	16	辛酉
553	3775	1442	7	24	壬戌	493	3835	1502	15	8	壬戌	433	3895	1562	41	17	壬戌
552	3776	1443	8	25	癸亥	492	3836	1503	16	9	癸亥	432	3896	1563	42	18	癸亥

年數	檀紀	西紀	明	李祖	干支	年數	檀紀	西紀	明清	李祖	干支	年數	檀紀	西紀	清	李祖	干支
431	3897	1564	嘉靖	19	甲子	371	3957	1624	天啓	2	甲子	311	4017	1684	23	10	甲子
430	3898	1565	44	20	乙丑	370	3958	1625	5	3	乙丑	310	4018	1685	24	11	乙丑
429	3899	1566	45	21	丙寅	369	3959	1626	6	4	丙寅	309	4019	1686	25	12	丙寅
428	3900	1567	穆宗	22	丁卯	368	3960	1627	7	5	丁卯	308	4020	1687	26	13	丁卯
427	3901	1568	隆慶	宣祖	戊辰	367	3961	1628	毅宗	6	戊辰	307	4021	1688	27	14	戊辰
426	3902	1569	3	2	己巳	366	3962	1629	崇禎	7	己巳	306	4022	1689	28	15	己巳
425	3903	1570	4	3	庚午	365	3963	1630	3	8	庚午	305	4023	1690	29	16	庚午
424	3904	1571	5	4	辛未	364	3964	1631	4	9	辛未	304	4024	1691	30	17	辛未
423	3905	1572	6	5	壬申	363	3965	1632	5	10	壬申	303	4025	1692	31	18	壬申
422	3906	1573	神宗萬曆	6	癸酉	362	3966	1633	6	11	癸酉	302	4026	1693	32	19	癸酉
421	3907	1574	2	7	甲戌	361	3967	1634	7	12	甲戌	301	4027	1694	33	20	甲戌
420	3908	1575	3	8	乙亥	360	3968	1635	8	13	乙亥	300	4028	1695	34	21	乙亥
419	3909	1576	4	9	丙子	359	3969	1636	9	14	丙子	299	4029	1696	35	22	丙子
418	3910	1577	5	10	丁丑	358	3970	1637	10	15	丁丑	298	4030	1697	36	23	丁丑
417	3911	1578	6	11	戊寅	357	3971	1638	11	16	戊寅	297	4031	1698	37	24	戊寅
416	3912	1579	7	12	己卯	356	3972	1639	12	17	己卯	296	4032	1699	38	25	己卯
415	3913	1580	8	13	庚辰	355	3973	1640	13	18	庚辰	295	4033	1700	39	26	庚辰
414	3914	1581	9	14	辛巳	354	3974	1641	14	19	辛巳	294	4034	1701	40	27	辛巳
413	3915	1582	10	15	壬午	353	3975	1642	15	20	壬午	293	4035	1702	41	28	壬午
412	3916	1583	11	16	癸未	352	3976	1643	16	21	癸未	292	4036	1703	42	29	癸未
411	3917	1584	12	17	甲申	351	3977	1644	17	22	甲申	291	4037	1704	43	30	甲申
410	3918	1585	13	18	乙酉	350	3978	1645	弘光	23	乙酉	290	4038	1705	44	31	乙酉
409	3919	1586	14	19	丙戌	349	3979	1646	隆武	24	丙戌	289	4039	1706	45	32	丙戌
408	3920	1587	15	20	丁亥	348	3980	1647	永曆	25	丁亥	288	4040	1707	46	33	丁亥
407	3921	1588	16	21	戊子	347	3981	1648	永之	26	戊子	287	4041	1708	47	34	戊子
406	3922	1589	17	22	己丑	346	3982	1649	3	27	己丑	286	4042	1709	48	35	己丑
405	3923	1590	18	23	庚寅	345	3983	1650	4	孝宗	庚寅	285	4043	1710	49	36	庚寅
404	3924	1591	19	24	辛卯	344	3984	1651	5	2	辛卯	284	4044	1711	50	37	辛卯
403	3925	1592	20	25	壬辰	343	3985	1652	6	3	壬辰	283	4045	1712	51	38	壬辰
402	3926	1593	21	26	癸巳	342	3986	1653	7	4	癸巳	282	4046	1713	52	39	癸巳
401	3927	1594	22	27	甲午	341	3987	1654	8	5	甲午	281	4047	1714	53	40	甲午
400	3928	1595	23	28	乙未	340	3988	1655	9	6	乙未	280	4048	1715	54	41	乙未
399	3929	1596	24	29	丙申	339	3989	1656	10	7	丙申	279	4049	1716	55	42	丙申
398	3930	1597	25	30	丁酉	338	3990	1657	11	8	丁酉	278	4050	1717	56	43	丁酉
397	3931	1598	26	31	戊戌	337	3991	1658	12	9	戊戌	277	4051	1718	57	44	戊戌
396	3932	1599	27	32	己亥	336	3992	1659	13	10	己亥	276	4052	1719	58	45	己亥
395	3933	1600	28	33	庚子	335	3993	1660	14	顯宗	庚子	275	4053	1720	59	46	庚子
394	3934	1601	28	34	辛丑	334	3994	1661	15	2	辛丑	274	4054	1721	60	景宗	辛丑
393	3935	160	30	35	壬寅	333	3995	1662	清	3	壬寅	273	4055	1722	61	2	壬寅
392	3936	1603	31	36	癸卯	332	3996	1663	聖祖康熙	4	癸卯	272	4056	1723	世宗雍正	3	癸卯
391	3937	1604	32	37	甲辰	331	3997	1664	3	5	甲辰	271	4057	1724	2	4	甲辰
390	3938	1605	33	38	乙巳	330	3998	1665	4	6	乙巳	270	4058	1725	3	英祖	乙巳
389	3939	1606	34	39	丙午	329	3999	1666	5	7	丙午	269	4059	1726	4	2	丙午
388	3940	1607	35	40	丁未	328	4000	1667	6	8	丁未	268	4060	1727	5	3	丁未
387	3941	1608	36	41	戊申	327	4001	1668	7	9	戊申	267	4061	1728	6	4	戊申
386	3942	1609	37	光海	己酉	326	4002	1669	8	10	己酉	266	4062	1729	7	5	己酉
385	3943	1610	38	2	庚戌	325	4003	1670	9	11	庚戌	265	4063	1730	8	6	庚戌
384	3944	1611	39	3	辛亥	324	4004	1671	10	12	辛亥	264	4064	1731	9	7	辛亥
383	3945	1612	40	4	壬子	323	4005	1672	11	13	壬子	263	4065	1732	10	8	壬子
382	3946	1613	41	5	癸丑	322	4006	1673	12	14	癸丑	262	4066	1733	11	9	癸丑
381	3947	1614	42	6	甲寅	321	4007	1674	13	15	甲寅	261	4067	1734	12	10	甲寅
380	3948	1615	43	7	乙卯	320	4008	1675	14	肅宗	乙卯	260	4068	1735	13	11	乙卯
379	3949	1616	44	8	丙辰	319	4009	1676	15	2	丙辰	259	4069	1736	高宗	12	丙辰
378	3950	1617	45	9	丁巳	318	4010	1677	16	3	丁巳	258	4070	1737	乾隆	13	丁巳
377	3951	1618	46	10	戊午	317	4011	1678	17	4	戊午	257	4071	1738	3	14	戊午
376	3952	1619	47	11	己未	316	4012	1679	18	5	己未	256	4072	1739	4	15	己未
375	3953	1620	光宗	12	庚申	315	4013	1680	19	6	庚申	255	4073	1740	5	16	庚申
374	3954	1621	熹宗	13	辛酉	314	4014	1681	20	7	辛酉	254	4074	1741	6	17	辛酉
373	3955	1622	天啓	14	壬戌	313	4015	1682	21	8	壬戌	253	4075	1742	7	18	壬戌
372	3956	1623	3	仁祖	癸亥	312	4016	1683	22	9	癸亥	252	4076	1743	8	19	癸亥

연대대조표(年代對照表)

年數	檀紀	西紀	清	李祖	干支	年數	檀紀	西紀	清	李祖	干支	年數	檀紀	西紀	清中	李祖	干支
251	4077	1744	乾隆	20	甲子	191	4137	1804	9	4	甲子	131	4197	1864	同治	高宗	甲子
250	4078	1745	10	21	乙丑	190	4138	1805	10	5	乙丑	130	4198	1865	4	2	乙丑
249	4079	1746	11	22	丙寅	189	4139	1806	11	6	丙寅	129	4199	1866	5	3	丙寅
248	4080	1747	12	23	丁卯	188	4140	1807	12	7	丁卯	128	4200	1867	6	4	丁卯
247	4081	1748	13	24	戊辰	187	4141	1808	13	8	戊辰	127	4201	1868	7	5	戊辰
246	4082	1749	14	25	己巳	186	4142	1809	14	9	己巳	126	4202	1869	8	6	己巳
245	4083	1750	15	26	庚午	185	4143	1810	15	10	庚午	125	4203	1870	9	7	庚午
244	4084	1751	16	27	辛未	184	4144	1811	16	11	辛未	124	4204	1871	10	8	辛未
243	4085	1752	17	28	壬申	183	4145	1812	17	12	壬申	123	4205	1872	11	9	壬申
242	4086	1753	18	29	癸酉	182	4146	1813	18	13	癸酉	22	4206	1873	12	10	癸酉
241	4087	1754	19	30	甲戌	181	4147	1814	19	14	甲戌	121	4207	1874	13	11	甲戌
240	4088	1755	20	31	乙亥	180	4148	1815	20	15	乙亥	120	4208	1875	光緖	12	乙亥
239	4089	1756	21	32	丙子	179	4149	1816	21	16	丙子	119	4209	1876	德宗	13	丙子
238	4090	1757	22	33	丁丑	178	4150	1817	22	17	丁丑	118	4210	1877	3	14	丁丑
237	4091	1758	23	34	戊寅	177	4151	1818	23	18	戊寅	117	4211	1878	4	15	戊寅
236	4092	1759	24	35	己卯	176	4152	1819	24	19	己卯	116	4212	1879	5	16	己卯
235	4093	1760	25	36	庚辰	175	4153	1820	25	20	庚辰	115	4213	1880	6	17	庚辰
234	4094	1761	26	37	辛巳	174	4154	1821	宣宗	21	辛巳	114	4214	1881	7	18	辛巳
233	4095	1762	27	38	壬午	173	4155	1822	道光	22	壬午	113	4215	1882	8	19	壬午
232	4096	1763	28	39	癸未	172	4156	1823	3	23	癸未	112	4216	1883	9	20	癸未
231	4097	1764	29	40	甲申	171	4157	1824	4	24	甲申	111	4217	1884	10	21	甲申
230	4098	1765	30	41	乙酉	170	4158	1825	5	25	乙酉	110	4218	1885	11	22	乙酉
229	4099	1766	31	42	丙戌	169	4159	1826	6	26	丙戌	109	4219	1886	12	23	丙戌
228	4100	1767	32	43	丁亥	168	4160	1827	7	27	丁亥	108	4220	1887	13	24	丁亥
227	4101	1768	33	44	戊子	167	4161	1828	8	28	戊子	107	4221	1888	14	25	戊子
226	4102	1769	34	45	己丑	166	4162	1829	9	29	己丑	106	4222	1889	15	26	己丑
225	4103	1770	35	46	庚寅	165	4163	1830	10	30	庚寅	105	4223	1890	16	27	庚寅
224	4104	1771	36	47	辛卯	164	4164	1831	11	31	辛卯	104	4224	1891	17	28	辛卯
223	4105	1772	37	48	壬辰	163	4165	1832	12	32	壬辰	103	4225	1892	18	29	壬辰
222	4106	1773	38	49	癸巳	162	4166	1833	13	33	癸巳	102	4226	1893	19	30	癸巳
221	4107	1774	39	50	甲午	161	4167	1834	14	34	甲午	101	4227	1894	20	31	甲午
220	4108	1775	40	51	乙未	160	4168	1835	15	憲宗	乙未	100	4228	1895	21	32	乙未
219	4109	1776	41	52	丙申	159	4169	1836	16	2	丙申	99	4229	1896	22	建陽	丙申
218	4110	1777	42	正祖	丁酉	158	4170	1837	17	3	丁酉	98	4230	1897	23	光武	丁酉
217	4111	1778	43	2	戊戌	157	4171	1838	18	4	戊戌	97	4231	1898	24	2	戊戌
216	4112	1779	44	3	己亥	156	4172	1839	19	5	己亥	96	4232	1899	25	3	己亥
215	4113	1780	45	4	庚子	155	4173	1840	20	6	庚子	95	4233	1900	26	4	庚子
214	4114	1781	46	5	辛丑	154	4174	1841	21	7	辛丑	94	4234	1901	27	5	辛丑
213	4115	1782	47	6	壬寅	153	4175	1842	22	8	壬寅	93	4235	1902	28	6	壬寅
212	4116	1783	48	7	癸卯	152	4176	1843	23	9	癸卯	92	4236	1903	29	7	癸卯
211	4117	1784	49	8	甲辰	151	4177	1844	24	10	甲辰	91	4237	1904	30	8	甲辰
210	4118	1785	50	9	乙巳	150	4178	1845	25	11	乙巳	90	4238	1905	31	9	乙巳
209	4119	1786	51	10	丙午	149	4179	1846	26	12	丙午	89	4239	1906	32	10	丙午
208	4120	1787	52	11	丁未	148	4180	1847	27	13	丁未	88	4240	1907	33	純宗	丁未
207	4121	1788	53	12	戊申	147	4181	1848	28	14	戊申	87	4241	1908	34	隆熙	戊申
206	4122	1789	54	13	己酉	146	4182	1849	29	15	己酉	86	4242	1909	宣統	3	己酉
205	4123	1790	55	14	庚戌	145	4183	1850	30	哲宗	庚戌	85	4243	1910	2	倭政	庚戌
204	4124	1791	56	15	辛亥	144	4184	1851	文宗	2	辛亥	84	4244	1911	3	2	辛亥
203	4125	1792	57	16	壬子	143	4185	1852	咸豊	3	壬子	83	4245	1912	中華	3	壬子
202	4126	1793	58	17	癸丑	142	4186	1853	3	4	癸丑	82	4246	1913	民國	4	癸丑
201	4127	1794	59	18	甲寅	141	4187	1854	4	5	甲寅	81	4247	1914	3	5	甲寅
200	4128	1795	60	19	乙卯	140	4188	1855	5	6	乙卯	80	4248	1915	4	6	乙卯
199	4129	1796	仁宗	20	丙辰	139	4189	1856	6	7	丙辰	79	4249	1916	5	7	丙辰
198	4130	1797	嘉慶	21	丁巳	138	4190	1857	7	8	丁巳	78	4250	1917	6	8	丁巳
197	4131	1798	3	22	戊午	137	4191	1858	8	9	戊午	77	4251	1918	7	9	戊午
196	4132	1799	4	23	己未	136	4192	1859	9	10	己未	76	4252	1919	8	10	己未
195	4133	1800	5	24	庚申	135	4193	1860	10	11	庚申	75	4253	1920	9	11	庚申
194	4134	1801	6	純祖	辛酉	134	4194	1861	11	12	辛酉	74	4254	1921	10	12	辛酉
193	4135	1802	7	2	壬戌	133	4195	1862	穆宗	13	壬戌	73	4255	1922	11	13	壬戌
192	4136	1803	8	3	癸亥	132	4196	1863	同治	14	癸亥	72	4256	1923	12	14	癸亥

年數	檀紀	西紀	淸	李祖	干支	年數	檀紀	西紀	中	李祖	干支
71	4257	1924	13	15	甲子	11	4317	1984	73	37	甲子
70	4258	1925	14	16	乙丑	10	4318	1985	74	38	乙丑
69	4259	1926	15	17	丙寅	9	4319	1986	75	39	丙寅
68	4260	1927	16	18	丁卯	8	4320	1987	76	40	丁卯
67	4261	1928	17	19	戊辰	7	4321	1988	77	41	戊辰
66	4262	1929	18	20	己巳	6	4322	1989	78	42	己巳
65	4263	1930	19	21	庚午	5	4323	1990	79	43	庚午
64	4264	1931	20	22	辛未	4	4324	1991	80	44	辛未
63	4265	1932	21	23	壬申	3	4325	1992	81	45	壬申
62	4266	1933	22	24	癸酉	2	4326	1993	82	46	癸酉
61	4267	1934	23	25	甲戌	1	4327	1994	83	47	甲戌
60	4268	1935	24	26	乙亥		4328	1995	84	48	乙亥
59	4269	1936	25	27	丙子		4329	1996	85	49	丙子
58	4270	1937	26	28	丁丑		4330	1997	86	50	丁丑
57	4271	1938	27	29	戊寅		4331	1998	87	51	戊寅
56	4272	1939	28	30	己卯		4332	1999	88	52	己卯
55	4273	1940	29	31	庚辰		4333	2000	89	53	庚辰
54	4274	1941	30	32	辛巳		4334	2001	90	54	辛巳
53	4275	1942	31	33	壬午		4335	2002	91	55	壬午
52	4276	1943	32	34	癸未		4336	2003	92	56	癸未
51	4277	1944	33	35	甲申		4337	2004	93	57	甲申
50	4278	1945	34	光復	乙酉		4338	2005	94	58	乙酉
49	4279	1946	35	2	丙戌		4339	2006	95	59	丙戌
48	4280	1947	36	3	丁亥		4340	2007	96	60	丁亥
47	4281	1948	37	建國	戊子		4341	2008	97	61	戊子
46	4282	1949	38	2	己丑		4342	2009	98	62	己丑
45	4283	1950	39	3	庚寅		4343	2010	99	63	庚寅
44	4284	1951	40	4	辛卯		4344	2011	100	64	辛卯
43	4285	1952	41	5	壬辰		4345	2012	101	65	壬辰
42	4286	1953	42	6	癸巳		4346	2013	102	66	癸巳
41	4287	1954	43	7	甲午		4347	2014	103	67	甲午
40	4288	1955	44	8	乙未		4348	2015	104	68	乙未
39	4299	1956	45	9	丙申		4349	2016	105	69	丙申
38	4290	1957	46	10	丁酉		4350	2017	106	70	丁酉
37	4291	1958	47	11	戊戌		4351	2018	107	71	戊戌
36	4292	1959	48	12	己亥		4352	2019	108	72	己亥
35	4293	1960	49	13	庚子		4353	2020	109	73	庚子
34	4294	1961	50	14	辛丑		4354	2021	110	74	辛丑
33	4295	1962	51	15	壬寅		4355	2022	111	75	壬寅
32	4296	1963	52	16	癸卯		4356	2023	112	76	癸卯
31	4297	1964	53	17	甲辰		4357	2024	113	77	甲辰
30	4298	1965	54	18	乙巳		4358	2025	114	78	乙巳
29	4299	1966	55	19	丙午		4359	2026	115	79	丙午
28	4300	1967	56	20	丁未		4360	2027	116	80	丁未
27	4301	1968	57	21	戊申		4361	2028	117	81	戊申
26	4302	1969	58	22	己酉		4362	2029	118	82	己酉
25	4303	1970	59	23	庚戌		4363	2030	119	83	庚戌
24	4304	1971	60	24	辛亥		4364	2031	120	84	辛亥
23	4305	1972	61	25	壬子		4365	2032	121	85	壬子
22	4306	1973	62	26	癸丑		4366	2033	122	86	癸丑
21	4307	1974	63	27	甲寅		4367	2034	123	87	甲寅
20	4308	1975	64	28	乙卯		4368	2035	124	88	乙卯
19	4309	1976	65	29	丙辰		4369	2036	125	89	丙辰
18	4310	1977	66	30	丁巳		4370	2037	126	90	丁巳
17	4311	1978	67	31	戊午		4371	2038	127	91	戊午
16	4312	1979	68	32	己未		4372	2039	128	92	己未
15	4313	1980	69	33	庚申		4373	2040	129	93	庚申
14	4314	1981	70	34	辛酉		4374	2041	130	94	辛酉
13	4315	1982	71	35	壬戌		4375	2042	131	95	壬戌
12	4316	1983	72	36	癸亥		4376	2043	132	96	癸亥

▸ 紀元早見表

우리의 문헌에는 중국 및 기타 연호가 많이 쓰여있다. 이것을 우리 연호로 또는 단기, 서기연호로 환산하여 보기 위하여 다음에 그 조견표를 붙인다.

檀君	紀元	西紀	+ 2333
孔子	〃	〃	+ 551
佛敎	〃	〃	+ 554
回敎	〃	〃	+ 621
日本	〃	〃	+ 660
天道敎	〃	〃	− 1857
堯帝	紀元	西紀	+ 2333
秦始皇	〃	〃	+ 246
漢高祖	〃	〃	+ 206
唐	〃	〃	− 617
宋	〃	〃	− 959
新羅	紀元	西紀	+ 57
高句麗	〃	〃	+ 37
百濟	〃	〃	+ 18
高麗	〃	〃	− 917
朝鮮	〃	〃	− 1391
元	紀元	西紀	− 1279
明	〃	〃	− 1367
淸	〃	〃	− 1661
中華民國	〃	〃	− 1911

2. 간지연대표

간지(干支)	연 대 (年 代)					
甲子	1984	1924	1864	1804	1744	1684	1624
乙丑	1985	1925	1865	1805	1745	1685	1625
丙寅	1986	1926	1866	1806	1746	1686	1626
丁卯	1987	1927	1867	1807	1747	1687	1627
戊辰	1988	1928	1868	1808	1748	1688	1628
己巳	1989	1929	1869	1809	1749	1689	1629
庚午	1990	1930	1870	1810	1750	1690	1630
辛未	1991	1931	1871	1811	1751	1691	1631
壬申	1992	1932	1872	1812	1752	1692	1632
癸酉	1993	1933	1873	1813	1753	1693	1633
甲戌	1994	1934	1874	1814	1754	1694	1634
乙亥	1995	1935	1875	1815	1755	1695	1635
丙子	1996	1936	1876	1816	1756	1696	1636
丁丑	1997	1937	1877	1817	1757	1697	1637
戊寅	1998	1938	1878	1818	1758	1698	1638
己卯	1999	1939	1879	1819	1759	1699	1639
庚辰	2000	1940	1880	1820	1760	1700	1640
辛巳	2001	1941	1881	1821	1761	1701	1641
壬午	2002	1942	1882	1822	1762	1702	1642
癸未	2003	1943	1883	1823	1763	1703	1643
甲申	2004	1944	1884	1824	1764	1704	1644
乙酉	2005	1945	1885	1825	1765	1705	1645
丙戌	2006	1946	1886	1826	1766	1706	1646
丁亥	2007	1947	1887	1827	1767	1707	1647
戊子	2008	1948	1888	1828	1768	1708	1648
己丑	2009	1949	1889	1829	1769	1709	1649
庚寅	2010	1950	1890	1830	1770	1710	1650
辛卯	2011	1951	1891	1831	1771	1711	1651
壬辰	2012	1952	1892	1832	1772	1712	1652
癸巳	2013	1953	1893	1833	1773	1713	1653
甲午	2014	1954	1894	1834	1774	1714	1654
乙未	2015	1955	1895	1835	1775	1715	1655
丙申	2016	1956	1896	1836	1776	1716	1656
丁酉	2017	1957	1897	1837	1777	1717	1657
戊戌	2018	1958	1898	1838	1778	1718	1658
己亥	2019	1959	1899	1839	1779	1719	1659
庚子	2020	1960	1900	1840	1780	1720	1660
辛丑	2021	1961	1901	1841	1781	1721	1661

2. 간지연대표

간지(干支)	연 대 (年 代)						
壬寅	2022	1962	1902	1842	1782	1722	1662
癸卯	2023	1963	1903	1843	1783	1723	1663
甲辰	2024	1964	1904	1844	1784	1724	1664
乙巳	2025	1965	1905	1845	1785	1725	1665
丙午	2026	1966	1906	1846	1786	1726	1666
丁未	2027	1967	1907	1847	1787	1727	1667
戊申	2028	1968	1908	1848	1788	1728	1668
己酉	2029	1969	1909	1849	1789	1729	1669
庚戌	2030	1970	1910	1850	1790	1730	1670
辛亥	2031	1971	1911	1851	1791	1731	1671
壬子	2032	1972	1912	1852	1792	1732	1672
癸丑	2033	1973	1913	1853	1793	1733	1673
甲寅	2034	1974	1914	1854	1794	1734	1674
乙卯	2035	1975	1915	1855	1795	1735	1675
丙辰	2036	1976	1916	1856	1796	1736	1676
丁巳	2037	1977	1917	1857	1797	1737	1677
戊午	2038	1978	1918	1858	1798	1738	1678
己未	2039	1979	1919	1859	1799	1739	1679
庚申	2040	1980	1920	1860	1800	1740	1680
辛酉	2041	1981	1921	1861	1801	1741	1681
壬戌	2042	1982	1922	1862	1802	1742	1682
癸亥	2043	1983	1923	1863	1803	1743	1683

십이간지표

12간지	子(자)	丑(축)	寅(인)	卯(묘)	辰(진)	巳(사)	午(오)	未(미)	申(신)	酉(유)	戌(술)	亥(해)
띠	쥐	소	범	토끼	용	뱀	말	양	원숭이	닭	개	돼지
시간	23시~1시	1시~3시	3시~5시	5시~7시	7시~9시	9시~11시	11시~13시	13시~15시	15시~17시	17시~19시	19시~21시	21시~23시

단군기원

서기 + 2333년

예) 서기 2000년 + 2333년 = 단기 4333년

참고문헌(參考文獻)

『삼국사기』(三國史記)
『삼국유사』(三國遺事)
『고려사』(高麗史)
『고려사절요』(高麗史節要)
『조선왕조실록』(朝鮮王朝實錄)
『고려공신전』(高麗功臣傳)
『국조인물고』(國朝人物考)
『국조방목』(國朝榜目)
『동국여지승람』(東國輿地勝覽)
『고려명신록』(高麗名臣錄)
『독립운동사』(獨立運動史)
『각성씨세보』(各姓氏世譜)
『성씨의고향』(姓氏의故鄕)
『한민족대성보』(韓民族大姓譜)
『한국문화유적총람』(韓國文化遺跡總攬)
『대동방씨족원류사』(大東方氏族源流史)
『한국의전통예절』(韓國의傳統禮)
『한국성씨총감』(韓國姓氏總鑑)
『한국인명대사전』(韓國人名大辭典)
『성씨대보총람』(姓氏大譜總覽)

광주안씨(廣州安氏) 이야기

2014 年 10 月 5 日 인쇄
2014 年 9 月 25 日 발행
편 저 : 성씨이야기편찬실
발 행 : 올린피플스토리

출판등록 : 제 25100 - 2007 - 000017 호
주 소 : 서울특별시 강동구 구천면로 18길 23호
홈페이지 : http://www.ollinpeople.co.kr
전 화 : 070) 4110 - 5959
팩 스 : 02) 476 - 8739
정 가 : ₩ 19,800

I S B N : 979-11-5755-092-0